「ちいさな社会」を愉しく生きる

東京大学大学院
教育学研究科教授
牧野篤
Makino Atsushi

広い世界から、
深い宇宙へ

さくら舎

はじめに――これからの生き方

生きていれば優に90歳を超えている私の父とほぼ同じ年齢の作家・黒井《くろい》千次《せんじ》さんは、自分と同年代で、背筋がすっと伸びて、立ち居振る舞いが美しい俳優を見て、ほーっと感嘆の気持ちを抱くとともに、「あの人の動きは、実は老い損なったことを示しているのではあるまいか」とチラと考えてしまうといいます（黒井千次『老いの深み』中公新書）。そして、こう続けます。

「それがヒガミであったり、マケオシミであったりするのは充分に承知の上の話だが、やはりそう考えてみずにはいられぬ誘惑を覚える」。その所作の美しさが実現しているのは、「老いの果実が身の内に稔《みの》ろうとする動きを拒み、遠ざけようとした結果ではないのか、と考えてみたい誘惑を覚えずにいられない」（前掲書）。

さらにこの「老いの果実」を次のようにいいます。それは、「若さを犠牲とすることによってのみ身の内に宿ることが可能となる老いの〈知〉とでもいったもの」（前掲書）だが、「〈若さ〉が拒まれるかわりに、〈老い〉によって与えられるものは何か。／そこに姿を見せ

るのは、心身の衰えや病である」（前掲書）

と、このように何やら否定的な言葉を連ねた上で、黒井さんはこう続けるのです。「背筋を伸ばして階段を昇ることは難しくても、足もとの地面にしゃがみこんであたりを観察する機会が生まれるかもしれぬ。／その結果、足を高くあげて段を昇る人の目には映らなかったものが鮮やかに見えてくるかもしれない。〈若さ〉の速度や視覚が見落としているものの姿が、まざまざと目に映るということがあっても、不思議はないだろう」（前掲書）

そして、こういう自分を次のように励まそうとするのです。「そのようにして貯《たくわ》えられた〈知〉が〈老い〉を豊かなものに変えていく可能性は十分にある」（前掲書）

テレビにこれでもかと流される健康食品やサプリメントのコマーシャル、そして高齢者を標的にした保険の勧誘など、いつまでも健康で若々しく、自立していること、生き生きとしていることが善であり、そうでない高齢者は生きている資格がないとでもいわんばかりのメッセージが、世の中には溢《あふ》れています。

それは消費者が求めていることだ、といえば、それまでなのかもしれません。しかし、それは本当に私たちが求めている高齢者の姿なのでしょうか。それは、これまでのような社会、つまり皆が同じような価値観を持ち、大量生産・大量消費によって規模を拡大することがよいこととされた経済発展の時代の社会がもたらした標準的な人の在り方としての、自立した強い個人の在り方だったのではないでしょうか。

折しも、ウェルビーイング（Well-being）という言葉が政策用語にも採用されて、人口に膾炙《かいしゃ》しています。このウェルビーイング、なかなか日本語にならない言葉なのですが、強いていえば、人が幸せを感じられるような状態にあること、ということになりそうです。そして、この言葉から人々が受けとるイメージは、自立し、自律的で、自分の幸せを追い求めることができる個人という姿なのではないでしょうか。

しかしちょっと考えてみればわかることですが、自分の幸せを追い求め、自分が幸せだと思える人は、どれくらいいるのでしょうか。私たちは、本当に、自分の幸せを、自分の力で追い求めて、実現することができるほど強い人間なのでしょうか。

そうできる人もいるかもしれません。また、自分がそうだといえる人もいるのかもしれません。しかし、そうできる人、そういえる人も、それが誰の力も借りずに、本当に自分ひとりだけの力でできているのかと問われれば、そうだとはいいきれないのではないでしょうか。

＊

私たちは、これまでの社会で、自立し、自律していることを求められてきましたが、それが孤立になってしまっていたのではないでしょうか。その結果、自分の幸せも自分の力だけで実現したのだと思いがちです。

しかし、本当は、自分の力で幸せを追い求め、実現できる人も、そのような条件が整っているから、幸せを追い求めようと思え、実際に追い求め、実現することができているのではないでしょうか。

そうだとしたら、その人個人の幸せは、その人の努力によるものであるとはいっても、努力することができ、幸せを実現したいと思えるような、環境や条件の手助けがあったからだ、つまりその人を取り巻く社会のさまざまな人々の手助けがあったからだ、ということになります。これを、社会や環境のウェルビーイングということがあります。

私たちは、好むと好まざるとにかかわらず、この社会に投げこまれて生きています。そして、その社会が私にとってウェルビーイングな状態であるとき、私は自分のウェルビーイングを実現しようと求め、努力することができ、実際に自分のウェルビーイングを達成することができます。

そしてその私のウェルビーイングが社会のウェルビーイングをより豊かなものとし、それが他の人のウェルビーイング達成の条件や環境となる、こういう循環の中にいます。

こういうことが忘れられてしまっていて、私たちにこれまでの大量生産・大量消費の社会と同じように、孤立した個人の自立を求めているのが、黒井さんのいう「老いの果実が稔ろうとする動き」を拒《こば》むことであるのなら、それは高齢期を生きる人々にとってはなんとも生きづらいことなのではないでしょうか。

それでも、このメッセージは否応なく私たちに襲いかかり、人はそれに強迫されて、無理やり自立し、強い個人でいようとしてしまいます。それが、人々の精神的な負担となり、人と比べて自分は、という気持ちにさせ、不機嫌にさせているのだとしたら、このような社会の在り方はおかしいということになります。

私たちは本当に、このような強い個人でいようとしているのでしょうか。本当は、社会や環境がウェルビーイングな状態にあって、自分もそれに支えられて、自分の幸せを追い求め、そうすることが人の幸せを手助けすることにもなる、そういうおたがいさまの関係の中で、自分を感じとりたいと願っているのではないでしょうか。

＊

このように考えたとき、「ちいさな社会」という考え方と生活の在り方がとても大切になります。「ちいさな社会」とは、顔が見える親密な関係を基本として、具体的な想像力が及ぶ範囲の人々のかかわりやつながりをいいます。そこでは、コンパッションが働くことになります。

コンパッション（Compassion）とは、コン（Con［Com］）とパッション（Passion）から成る言葉です。一般的には、共感と訳されたりします。しかし、コンパッションにはもっと深い意味があります。

パッション（Passion）は、一般的に、情熱と訳されたりしますが、本当はもっと否定的な意味をもつ言葉で、悲しみや苦しみを表す言葉が語源となっています。そしてコン（Con）は共と訳されますが、いわゆるシェアという感じではなくて、分かち持つ、自分事にするという意味です。ですから、コンパッション（Compassion）とは共感なのですが、本当は人の悲しみや苦しみを分かち持って自分事にするという意味なのです。

このコンパッションが、私たちが社会をつくることになった基本的な原理でもあるといわれます。つまり、人の悲しみや苦しみを自分事にできる力を私たちは持っているからこそ、憐れみや同情の感情を抱くことができ、それだからこそ私たちはそういう感情を軽くしたいと望み、だから皆がたがいに支えあい、悲しみを自分事化しあうことで、それを軽くして、おたがいの幸せを通して自分の幸せを実現する、そういうつながりやかかわりをつくり出すようになった、こういうことです。これが社会です。

ですから、コンパッションとは既述のウェルビーイングの基盤ともなる感情なのです。そして、このコンパッションがきちんと働くようなかかわりやつながりを持つことで、私たちは他者への想像力を働かせることができ、まだ見ぬ人々に対しても、いわば共感の感情を抱くことができ、共感をもとにして、信頼が人々を結びつけることで、この市場社会の基盤がつくられてきたのです。その基点が「ちいさな社会」なのです。

黒井さんのいう〈老い〉を豊かなものに変えていく〈知〉を導きの糸に、「ちいさな社会」を基点とするこれからの高齢者の生き方を考えてみたいと思います。

＊

「ちいさな社会」はバリエーション豊かな試みです。それは、ちいさな空き家を地域社会に開いて、みんなに使ってもらう実践、田舎に移住して、人と人とがつながり、認めあい、支えあう、関係性の経済とでもいうべき取り組みをひろげる活動、また市民ぐるみで子どもたちと真正面に向かいあって、子どもたちの「ふるさと」をつくる営み、さらに都市部のじじばばが孫たちと楽しいかかわりをつくって、社会をつなげていく取り組み、都市の中にビーチパラソルと黒板テーブルで公共空間をつくって、人々がつながりあう愉しさを分かちあう試みなど、さまざまな取り組みとして、ひろがっています。

以下、本書で、皆さんが身近なコミュニティで仲間とともにやれそうな事例を三つ紹介します。

◎目次

第2章　限界団地が多世代交流型コミュニティに！
――地縁のたまごプロジェクト

「ちいさな社会」を愉しく生きる

――広い世界から、深い宇宙へ

第1章　「空き家」を活用して居場所づくり

――岡さんのいえＴＯＭＯ

「空き家」が居場所になるまで

街ってカラフル

長期の出張明けの休み、家でグズグズしているのも、何となく気が引ける感じがして、街に出てみました。夏空がひろがって、真夏の太陽が照りつけ、暑くても心なしか気持ちが浮き立ってくることを感じます。地下鉄に乗ると、日頃の通勤時間とは異なり、色が溢《あふ》れていることに驚かされます。マスクをしていても、わくわくするような気持ちが伝わってくる人たちが、そこにはいました。

もしかしたら、通勤時間に出会っている人たちなのかもしれません。でも、今日、この時間に出会う人たちは、いつもとは異なるさまざまな色を纏《まと》い、思い思いの対話に花を咲かせ、読書をし、音楽を聴《き》き、スマホ画面に見入っている、ちがっていることが当たり前の姿で、佇《たたず》んでいるのです。

本来、街って、カラフルで、人々はこのように多様で、ちがっていることが当たり前なのだな、と改めて思います。そして、このような当たり前のことに、ふと気づかされる場面が、このところいくつかあったことに思いあたります。

たとえば、コロナ禍のはじめの頃、学校が一斉休校になったことがありました。そのときに感じた、ちょっとした気持ちが高ぶるような違和感、それは地域にはこんなにも子どもがいたのか、ということでした。

日頃はおとなも通勤していて、昼間は地域にいませんし、子どもたちも学校に行っていて、地域には高齢者ばかりがいる、という印象でした。それが、いったん学校が休みとなり、子どもたちが地域にいるようになると、あちらこちらから子どもたちの歓声が聞こえるようになり、ああ、もともと地域コミュニティって、こういうものだったのだな、子どもってこんなにもにぎやかで、子どもの声ってこんなにも人の耳をくすぐり、気持ちを沸き立たせるものなのだな、と過去当然の如くそうであったことを改めて思い出すかのようにして、感じたものでした。

「みんなちがって、みんないい」？

そしてそのちょっとした違和感は、たとえば東日本大震災の後にキャンペーンが張られた「みんなちがって、みんないい」というスローガンに対して感じた居心地の悪さとつながってきます。

「みんなちがって、みんないい」、このことを訴えたい気持ちはよくわかります。ちがいを受け止めて、尊重しあおう。ちがいが差別につながることはあってはならない。こういう訴えがこの言葉には込められています。

でも、この言葉を聞いて、「誰がいいっていっているの？」と被災地の子どもから問い返されたときの軽いショックはいまでも、私の身体に居心地の悪さをともなって貼りついたままです。あの言葉は、「ちがっている」ことを強要されるような感覚をもたらしながら、「いい」と評価されなければならないという一律の規範を生んでしまう。そういわれた気がしたのです。

このことはまた、「世界で一つだけの花」、自分の花を咲かせること、そのことが大切なのだ、ナンバーワンにならなくても、オンリーワンであることが大事なのだ、というメッセージとも重なってきます。

子どもたちの中には、オンリーワンであることはナンバーワンになることだと、この言葉の持つ意味を射貫《いぬ》いている子がいます。誰もが自分らしさを大切にすればいい、といわれながらも、その自分らしさには社会的な評価が貼りついていて、真ん中で誇らしげに咲く花とそれを取り囲んでそれを盛り立てる脇役の花とがあって、社会が評価するのはその真ん中の花なのだ、そして自分が脇役の花であれば、脇役としての役割を果たしたのかどうかが評価の基準となる、というのです。

どこまでいっても、評価がつきまとうのです。

これはカラフルな街を脱色して、通勤時間の地下鉄の中のように、同じ色に染め上げてしまう、人を経済の道具として集団的に処理する、つまり序列化する社会の在り方と重なりあっています。

個性が大事だといわれても、その個性は有用性へと組み換えられて、序列化されてしまいます。だからこそ、通勤する人々は、誰ともちがわないモノトーンの存在として、脱色された空間にその身をひっそりと隠そうとしてしまうのかもしれません。

みんなちがって、当たり前

でも、今日の街中の人々のように、人は本来カラフルでいたいはずです。ちがいをちがいとしてどうやって認めあいつつ、一緒にいられるようにするのか。比べないで、でもちがっていることをたがいに楽しむにはどうしたらいいのか。

そんなことを考えていたときに、ガツンと頭を殴られたのが、この言葉です。「先生、なにブツブツいってるの。みんなちがってるのって、当たり前でしょ！」

そう、ちがっていい、のではなくて、ちがっているのは当たり前、そんな当たり前のことを問うてはいけないのです。問うから、どうしよう、と戸惑い、ちがっていることはいいことだ、といわなければならなくなってしまうのです。

ちがっていることはいいことだといわなければならないから、いちいちそれがどういうことなのか、どうしたらみんな仲よくできるのか、などと考えてしまうのです。でもそれはもうその時点で、ちがっているということを人と比べていることになってしまいます。それはどこまでいっても、誰かとの比較が、つまり序列化がついて回る考え方です。

そうではないのです。ちがっているのが当たり前なんだから、いちいち問うこともないし、人と比べることもない。問うたり比べたりしなければ、自分が人と比べて上か下かなんて気にならないし、自然体でいられる。

でも、自分と人がちがっていることは、人がいないとわかりません。だから、自分が個性的で、自然体でいられるためには、誰か他の人がいてくれることが必要になります。自分が自分であるためには、人が大切になるのです。これこそが、「ちがっているのは当たり前」ということなのでしょう。

岡さんの望み

「ちがっていて当たり前」との言葉で私の頭を殴ったのは、世田谷区で空き家を地域にひらいて「まちのお茶の間」として活用する実践を進めている、「岡さんのいえＴＯＭＯ」（以下、「岡さんのいえ」と記します）のオーナー・Ｋさんです。「岡さんのいえ」の活動に参加していると、地域にはこんなにもカラフルで、こんなにも自然体で、こんなにも面白くて、こんなにも人のことを心配してくれる人たちが、こんなにもたくさんいるのだ、と驚かされます。まさに、ちがっていて当たり前、なのです。

「岡さんのいえ」は２０２４年で17周年を迎えます。「日常編集家」のアサダワタルさんがその著『住み開き　増補版——もう一つのコミュニティづくり』（ちくま文庫）でも述べているように、空き家を地域社会にひらいて、新しいコミュニティを始め、ひろげる活動だといってもよいでしょう。この本でも、「岡さんのいえ」が紹介されています。

「岡さんのいえ」は、その名前が示すように、もともと岡ちとせさんという方が住んでいました。戦前、女学校の英語教師を経て、戦後、外務省にお勤めで、退職後はこの家で地域の子どもたちに英語やピアノを教えていたそうです。

生涯を独身で過ごされたのですが、亡くなるときに遺言で、地域の人々によくしてもらったので、この家を自分の子どもだと思って、地域の人たちのために使ってほしいと、姪孫《てっそん》（兄弟姉妹の孫）のＫさんにこの家を託されたのです。

地域の人たちのために使う、とはいっても、Ｋさんも当初は戸惑いがあったようです。ご本人もライターの仕事をしていらっしゃって、空き家に詳しいわけではなく、空き家を地域にひらくとはどういうことなのか、ということも誰かが知っているわけではありません。当初は、子育て中の若いお母さんたちが、子育てに行き詰まったときに、仲間でここを借りて、気晴らしの愚痴会《ぐちかい》を開いたり、子どもたちが友だちと転げ回ったりする場所として使っていたようです。

その後、Kさんからもっときちんと地域にひらきたいとのご相談があって、かかわりはじめたのが、「岡さんのいえ」と私たちとのつきあいの始まりでした。

いつも始まりは子どもたち

でも、私たちも空き家を地域にひらいて使ってもらうとは、どういうことなのか、漠然としたイメージはあっても、具体的に活動したことがありません。どうしたものか、と腕組みをしていたのですが、そんなことをしていても始まらないと、まずはゼミ生を連れて「岡さんのいえ」に上がりこみ、地域社会はどうなっているのかの勉強会を開きました。

そこでは、各地で空き家が増えていること、少子化と高齢化で地域の人間関係が薄くなってきていて、特にお年寄りが孤立しがちであること、子どもたちも日常生活の場が家庭・学校・塾に限られてしまって、豊かな人間関係の中で育つ環境が失われていること、地域の公園もたとえば野良猫が糞をして衛生上よくないとのクレームなどで砂場が消えていくなど、子どもたちが身体を使って遊べる場所が減っていることなどが語られ、議論されました。

そして空き家を使うとは、誰か特定の人たちが経営して、住民の人々に場所を提供するということではなくて、むしろ一人ひとりの住民が自分で使うということが本来の在り方なのではないか、地域の空き家は地域の誰が上がりこんでもよい「お茶の間」のような場所としてあったらよいのではないか、という議論になっていったのです。

では、どうしたらいいのか。まずは「岡さんのいえ」がこういうところだと知ってもらおうということになり、学生たちが中心になって、さまざまなイベントを打ちました。留学生との餃子《ギョーザ》パーティや子どもたち向けの寺子屋、駄菓子屋と昔遊びのイベントなど、いろいろ取り交ぜて、思いつくままになんでもかんでもやってみたのです。

こうして地域の人々にまずは名前を知ってもらえたか、と思った頃に、こういう噂《うわさ》が聞こえてくるようになります。学生たちが毎日集まっては、よからぬ活動をやっていて、地域の人たちを勧誘している。どこかの新興宗教の集まりではないのか、と。いえいえ、T大生がかかわっている空き家の活用を通したまちづくりの活動ですと、近隣に説明に行くと、そういえば、某地下鉄重大事件を起こした○○教のリーダーってT大出身者が多かったですよね、とやぶへび。

参ったなあ、と思っている私たちを救ってくれたのが、子どもたちだったのです。学生たちがいろんなイベントをやっていると、「何やってるの？」「面白そう」といっては、立ち寄るようになり、その子どもたちが友だちを誘って遊びに来るようになり、それが学校の先生を呼びこみ、保護者を呼びこむことになり、最後には地域にたくさんいる高齢者をも巻きこむ形となって、いまの「岡さんのいえ」につながっていくのです。

いつも始まりは好奇心旺盛な子どもたちなのです。

ごちゃ混ぜが魅力

はじめは、ちょっとした駄菓子屋だったり、ちゃぶ台を囲んでのお茶飲み会だったりしたのです。「岡さんのいえ」には、昭和初期の懐かしいミシンやオルガン、それに蓄音機などがあり、テーブルではなくて畳にちゃぶ台が基本です。

そういう雰囲気も楽しんでもらいながら、地域の人たちがふと立ち寄って、子どもたちがお菓子を求めて集まっては上がりこんで、ドタバタ走り回る。そういう空間ができあがっていきました。その一つが、開《あ》いてますからどうぞご自由に、という「あいてるデー」の取り組みでした。

そうすると今度は、いろいろな趣味を持った人たちが、自分たちの活動の場所として使いたい、子どもたちに見せたい、一緒にやりたい、と趣味の集まりを持ちこむようになります。「岡さんのいえ」という空間が地域にあることが、重要なのです。

お茶やお花、書道など定番のおけいこごとはいうに及ばず、鉄道オタクのおじさんたちが子どもたちに見せたいと、毎週日曜日にクラブ活動のようにして、鉄道模型（Nゲージのパノラマ模型など）を持ちこんでは、子どもたちに触らせてくれるのです。ご本人たちも、半ズボンに帽子と、童心に返ったような、気合いの入れよう?なのです。

さらに、蓄音機を使ったレコード鑑賞をやりたい人たちや、楽器を演奏する人たちがミニコンサートを開いて、地域の人たちに披露したり、若いお父さんたちが「粉もんイベント」をひらいたりするようになります。そしてそこにまた、子どもたちが友だちを連れてきて、一緒にお好み焼きやたこ焼きをつくって食べたり、地域の人に配って回ったりして、それがさらに人々を呼びこむことへとつながっていきます。

そこにたとえば小さな赤ちゃんを抱えた若いお母さんたちが参加することで、地域の先輩ママたちとつながり、おばあちゃんとつながって、緩《ゆる》やかに関心を持ちあう関係が幾重にも重なって、無理せずに気にかけあう安心感が生まれてきたりします。

一見、カオスな状態ですが、人々がたがいに配慮しあう関係が生まれることで、ごちゃ混ぜになり、混ざりあうことで、安心できる空間が生まれるのです。「まちのお茶の間」というよりも、なんだか「雑踏」が閑静な住宅街の一角に突如出現したかのような、それでいて、その雑踏は混沌《こんとん》ではなく、人々がたがいに気をつかいあうことで、ほっと心安まる自分の居場所となっていくのです。

進化し、深化する「空き家」

百戦錬磨のおばさん

さまざまなイベントを住民が持ちこむことでにぎやかな空間が生まれている「岡さんのいえ」ですが、その基本はどこまでいっても緩やかなかかわりづくりです。

「岡さんのいえ」がある世田谷区には、区民のまちづくりを支援する区の外郭団体「一般財団法人世田谷トラストまちづくり」（通称「トラまち」）があります。この「トラまち」には、「岡さんのいえ」のように空き家を地域にひらいて活用する場合に、助成金申請の援助や支援者の派遣などをしてくれる事業があります。

「地域共生のいえ」といいます。この「地域共生のいえ」に認定されると、「トラまち」が行っているまちづくりのためのコーディネータ養成講座修了者が、終了後の活動の場所として、「地域共生のいえ」に紹介されるという仕組みもあります。「岡さんのいえ」にも、この制度を使って、紹介された企業退職者たちがいます。

現役時代にはそれぞれ企業で鳴らした人たちがかなりいます。それだけに曲者《くせもの》が多いともいえそうです。でも、「岡さんのいえ」では、そういう人たちも貴重な戦力なのです。地域コミュニティには、こういう曲者や猛者《もさ》をものともせずに、うまく手懐《てなず》けてしまう猛獣使いの女性が必ずいます。これは、私たちの地域活動の経験から得られた知見でもあります。彼女たちを私たちは「百戦錬磨のおばさん」と呼んでいます。「岡さんのいえ」オーナーのKさんもそのひとりです（というと、叱られそうですが）。

昔取った杵柄を新しい杵柄に

この百戦錬磨のおばさんの前では、企業で鳴らした曲者など、仏様の掌《てのひら》で踊らされている孫悟空《そんごくう》のようなものかもしれません。いい年のおじいちゃんが、「ボク、これやって」「あなた、こうしたほうがいいのよ」「ほら、ボク、そこはこうやると、うまくいくの」と指示を出され、それがうまくいくと「ほら、うまくできたでしょ」「あなた、それうまいわね」などとお褒《ほ》めの言葉をいただきつつ、まんざらでもない表情を浮かべることになります。

そのうちに、自分から利用者の動きをつかみはじめて、若いお母さんたちの中に入っていっては、子どもと遊んだり、子どもの面倒見ていてあげるから、買い物に行ってきなよ、という声がけができたりするようになります。すると、若いお母さんたちからも感謝される経験を重ねることで、企業時代に身につけた裃《かみしも》や鎧《よろい》が自然と脱げ、物腰も柔らかくなっていくのです。

これを私たちは仏教用語を使って「還俗《げんぞく》」と呼んでいます。企業という俗世間から隔絶された特殊な序列の世界から、序列など関係のない混沌としたカオスの俗世間へと帰還し、軟着陸できた。こういう意味です。

こうなると、高齢の人たちも、企業人の時代に身につけた考え方や技能を使って、新しい空き家の活動に積極的にかかわるようになってきます。まるで、昔取った杵柄を新しいものと取り替えて、自分で自分の活躍の場所をつくっていくかのようなのです。

命を救う緩やかなつながり

こういう場所で生まれる緩やかなつながりは、実際に、命を救うことへと結びついています。こんな事例がありました。

「岡さんのいえ」にかかわっていた高齢の独居男性がいました。大酒飲みです。この人が、夜、多分酔っ払っていたのだろうとのことなのですが、道の側溝に倒れこんでいたことがありました。それを通りかかった人が見つけて、通報。警察に保護されているという連絡がKさんのところにあったのです。

なぜ、Kさんのところに連絡があったのかといいますと、本人は意識がもうろうとしていて、確認が取れない。でも、所持品の中に「岡さんのいえ」のスタッフの名刺があったというのです。警察からそのスタッフに連絡が行き、そこからKさんへとつながったのです。

誰もが、また酔っ払っちゃって、警察に迷惑をかけて、しょうがないなあ、と受け止めていたといいます。それで、スタッフのひとりが軽い気持ちで引き取りに行くと、ぐったりしていて、車椅子に乗せられて出てきた。どう見ても、おかしい。

実は、こうなる前から少し様子がおかしかったというので、Kさんから地域の包括支援センターにつなげてあったのです。そこで、警察からアパートにタクシーで送っている間に包括支援センターに連絡して、アパートで担当者と合流。酔っ払っているだけではないようだとのことで、救急車を呼んで、病院に担ぎこんだのです。

すでに過度の低血糖で意識障害を起こしていたとのことでした。脳死寸前だったと主治医の先生がおっしゃっていたそうです。その後、「岡さんのいえ」からご家族にも連絡が取れて、本人の健康も回復しているそうです。

Kさんはいいます。運がよかったとしかいいようがない。もし自宅でひとりで倒れていたら、誰にも発見されずに、そのままだったかもしれない。路上で倒れていたから発見された。でも、「岡さんのいえ」のスタッフの名刺を持っていなかったら、事前に包括支援センターとつながっていなかったら、やはり厳しかったかもしれない。

こういう細い糸がいくつもつながることで、地域では人の命が守られていくのだと、心底思った、と。

緩やかなつながりは、人の心に深く刻まれ、人々を動かし、おたがいに配慮に満ちたかかわりを生み出すのでしょう。

日々バージョンアップする空き家

こういう関係は、なにも人間関係だけではありません。空き家そのものが進化していくのです。

いま、東京の都区部では、公園からどんどん砂場が消えています。野良猫が糞をしたりして、衛生上よくないとのクレームが住民から区役所に入り、砂場の撤去が進んでいるのです。砂場とブランコ、滑り台は、昔の公園の定番でしたが、このどれもが汚い、危ない等の理由で、取り除かれてしまい、公園は平場の、太陽が照りつける、誰も寄りつかない、いわゆる「防災グッズ」のようになってしまっています。しかも近隣の住民にとっては、そのほうが「静かでいい」のだそうです。子どもたちの歓声がうるさいというのです。

脱色された社会の一つの姿がここにあります。

でも、子どもたちは脱色された存在ではありません。泣き、叫び、笑い、歌い、走り、転び、寝転がり、全身で環境と触れあおうとします。脱色とは真逆の、カラフルな存在、それ

岡さんのいえＴＯＭＯの様子

が子どもです。

「岡さんのいえ」では、そんな子どもたちのために、おとな、とくに見守り隊を自任する高齢のおじいちゃんたちが、愉しい場所やイベントをどんどんつくってくれています。

狭い庭に、気づいたら小さな砂場ができていて、子どもたちがどろんこになりながら、一心不乱に山をつくり、トンネルを掘り、小川に水を流しこんで、そのうち怪獣が出現して、山を崩し、トンネルで大惨事を起こし、最後は大海を泳ぎ回って、素っ裸で畳に飛びこんできます。

耐震性が甘いということになれば、クラウドファンディングをやって、お金を集め、みんなで大はしゃぎで障子や壁に穴を開けて「手入れ」をし、その後きちんと耐震工事がはいって、安全な建物になりました。

こうして、気がつくと、誰かがみんなのために「岡さんのいえ」に手を入れては、この空き家が日々バージョンアップしていくのです。誰もが、「岡さんのいえ」を自分のものであるかのようにして大事にしつつ、誰かのためを思って手入れをし、みんなのものとして使えるように、日々、新たにしてくれているのです。

夜の居場所づくり

進化しているのは空間だけではありません。子どもや学生たちの発案で、夜の時間帯にも居場所づくりが進められています。

いま、都内では、夫婦共働きで、しかもこの経済状況の中、長時間労働についている人たちがたくさんいます。また家族形態の多様化で、シングルマザーの家庭も多く、そういう状況の反映なのか、子どもの貧困が社会的な問題となっています。

厚生労働省の国民生活基礎調査によれば、日本の子どもの相対的貧困率は２０２１年の数字で約11・５パーセントです。この場合、子どもとは０歳から17歳の年齢にある者を指します。相対的貧困率とは世界各国の貧困を比較するために算出される数字で、等価可処分所得［世帯の年間可処分所得を世帯人数の平方根で割った所得額］の貧困線に満たない世帯の割合を示します。

貧困線とは、等価可処分所得の中央値の半額を指します。たとえば、一家4人の可処分所得（収入から税金や社会保障費を除いた自由に使える所得）が年間300万円だとすると、4の平方根で2、この数字で300万円を割った150万円が、この世帯の等価可処分所得となります。この等価可処分所得の中央値（平均値ではありません）の半分以下（貧困線以下）で生活している世帯を相対的貧困家庭と呼びます。現在の日本では、貧困線は127万円となるといわれます。

この家庭に11・5パーセントの子どもがいて、それがひとり親家庭になると44・5パーセントにもなるといわれています。世界でも最悪レベルの子どもの貧困状態なのです。

こういうことを背景として、子どもが学校や塾から帰っても家に保護者がいない家庭が多く、子どもたちが居場所を求めてさまよっているという状況が生まれています。とくに都区内などでは、中高生が3人以上でコンビニでたむろしていると、警察が来て、帰宅するように指導されると聞いています。しかし、彼らは居場所がなくて、寂しくて、コンビニにいるのに、帰れと指導されても、行くところがありません。その結果、よからぬところに出かけてしまい、社会の表面からは見えなくなってしまいます。そうなると、彼ら自身の生命の危険も考えなければならなくなってしまいます。

こういうことの中で、学生たちの発案で、「夜も勉強見てやりますから」という大義名分で始められたのが、夜の居場所づくりです。子どもたちの生活ベース、もしかしたら緊急避難場所（シェルター）だといってもよい取り組みなのかもしれません。

「たからばこ」と「岡'sキッチン」

この取り組みは、彼らによって「たからばこ」と名づけられました。勉強は見ているふうではありませんが、夜な夜な皆どこかから集まってきては、ゲームをやったり、話しこんだり、ゴロゴロしたりして過ごしていました。そこに私の学生たちも入りこんで、なにやらまったりとしたいい感じの空気が流れていくのです。

この「たからばこ」は、現在では、世田谷区子ども若者部・若者支援課の事業として中高生の居場所にもなっています。

この「たからばこ」が若者の居場所として機能していることにかかわって、世田谷区の福祉部門からの相談でつくられたのが、「岡'sキッチン」です。Kさんはいいます。「当時の課長から、児童養護施設を退所した子どもたちの生活支援を考えたいとの話が出て、あら、それでしたら時々一緒にご飯つくるとか、一緒に食べるとかならできますよ、と軽い気持ちで始めたのが、岡'sキッチンなのです」。そこで、近所の人にも来てもらって、ご飯をつくって、一緒に食べる、わいわいガヤガヤの会が始まったのです。これが「岡さんのいえ」のキッチンで、「岡'sキッチン」。岡'sには「おかず」の意味もかけられているのでしょう。

コロナ禍前には、毎週1回ほど、みんなでご飯をつくって食べる「岡'sキッチン」がひらかれていました。そうしたら、集まること。中には高校を卒業して、社会人になったんだけど、寂しくて、という若者がいたり、養護施設を退所して、働いているんだけど、なかなか社会になじめなくて、という若者もいたりしました。

社会にはこんなにも居場所のない若者たちがいるのか、と改めて思い知らされた感じがしたことを覚えています。

「岡'sキッチン」の取り組みは、コロナ禍でしばらく中断していましたが、特定給付金をもらったこともあって、私たちもそれを寄付して、そのお金でパーテーションやその他の感染予防の設備を整えて、再開しています。

いまでは、この「たからばこ」も「岡'sキッチン」も、世田谷区からの委託事業という形で、場所代をいただいてサバイバルしている、とはKさんの弁です。

空き家が子どもたちの生活のための基地（ベース）になったのです。

「まちのお茶の間」がどんどん変身

雑踏のように人を呼ぶ

カオスが人々の思いやりによってごちゃ混ぜになり、ごちゃ混ぜが雑踏のように人を呼ぶことで、「岡さんのいえ」はどんどん勝手に、いえ、自律的に進化し、その取り組みも深化していきます。深化がひろがっていくといえばよいのでしょうか。

地域コミュニティには日頃目に見えなくても、さまざまな力を持った人たちがいます。「岡さんのいえ」には、たとえば元デザイン会社で働いていたデザイナーが子どもたちの見守り隊として、通ってきてくれています。この人は、数々の武勇伝を持つ伝説の建築デザイナーです。

この会社が請け負った建築があって、そのイメージパースの打ち合わせがありました。この人も同席する予定だったのですが、前日から行方不明。どうも飲んだくれていて、どこかで潰《つぶ》れているのではないかとの噂があったとのことです。でも、クライアントとの約束の時間になったので、会社のデザインチームが出向き、クライアントのイメージを図面に落とす作業をしはじめたのですが、双方が腕組みをしてしまい、話が進まなくなってしまった。

そこへ、この伝説のデザイナーが、酒臭い息を吐きながら登場。皆を一瞥《いちべつ》するなり、ホワイトボードにさらさらとパースの原画を描きはじめた。それを見て、腕組みをしていたクライアントが感激、是非ともそのイメージでお願いしたい、と話がまとまった。こういう話は枚挙にいとまがない、というのです。

この人が定年退職後、子どもたちの面倒を見てくれる好々爺《こうこうや》としてやってきて、毎日愉しそうに過ごしていました。すると、ある日突然、一枚の絵を持って来て、毎月「岡さんのいえ」の新聞をカラーの表紙つきで出したいといってきたのです。

素晴らしい絵で、子どもたちや「岡さんのいえ」のイメージがうまくとらえられているのです。是非とも、とお願いし、その後毎月、新たな新聞が発行されることとなりました。

ホームページもそうです。ウェブデザイナーの女性が子どもの遊び場を求めてやってきて、「岡さんのいえ」の活動に惚れこんで、是非ともホームページをつくらせてほしいと名乗り出てくださってつくられたのが、いまも運用されているホームページです。ＩＴ系の企業にお勤めの人が、ボランティアで管理と更新業務を手伝っていて、いろいろな人たちとの交流のプラットフォームとしても活用されています。https://www.okasannoie.com

「岡さんのいえＴＯＭＯ」新聞もここから見ることができます。また、Facebookもやっています。

こうして、いろいろな特技を持った人たちが集まっては、深化し、その深化がどんどんひろがっていく。これも「岡さんのいえ」の一つの姿なのです。

勝手に来てはひろげてくれる

こういう深化がひろがりを見せはじめると、さらにこんなことが起こります。向こうからやってきては、ひろげてくれるのです。

コロナ禍前ですが、各地のマスコミが取材してくださるようになり、空き家活用の先進例として知れわたることとなりました。そうしましたら、ＮＨＫワールドジャパンが取材に来て、高齢社会日本の新しいまちづくりの取り組みとして、世界に発信されることとなったのです。

その後、全国各地の自治体から訪問希望が相次ぎ、最後には活動に支障をきたすというので、ご遠慮願うという事態になるほどまでになり、また世界各地、たとえばトルコや韓国、台湾からも代表団が訪問して、住民、とくに子どもたちと交流する場面がひろがっていきました。

世界的にも、住宅地の一軒家を開放して、地域の住民がそれぞれの発案で使いこなすことで、新しい地域文化の拠点をつくっている事例は珍しいとのことでした。

そう、勝手に来てはひろげてくれるのです。

生態系を豊かにするハブ

さらに、「岡さんのいえ」では、東日本大震災後、被災地の子どもたちを支援しようと、ある企業の助成金を得て、被災地の子どもたちを東京に招き、またこちらから現地に出かけて、おたがいに励まし、支えあう活動を進めてきました。単に交流するだけでなく、被災地の文化を学び、地域の人々と交流して、新しいつながりをつくることで、おたがいに自分たちのコミュニティづくりに生かしていく活動です。

また、地元の世田谷区の児童館などと連携して、アウトリーチ活動（「手を伸ばす」ように地域社会に出かけていって取り組みをひろげる活動）を行ったり、学校にスタッフを派遣して、学校の児童・生徒とともにワークショップを行ったり、さらには大学生を受け入れつつ、大学生と地元の学校の子どもたちとの活動を組織して、大学生のインターンシップ事業を進めたりするなどの実践も行われてきました。そうそう、地元のお祭りとも連携して、出店を出したりもしてきました。

このほか、「岡さんのいえ」のスタッフが各地の自治体や大学などの講師として出向き、活動を紹介するとともに、空き家活用による地域づくりにヒントを提供する、という動きも活発化してきています。

　私の研究室主催の公開講座「社会教育の再設計」にも、オーナーのKさんに登壇いただいて、いわゆる「民設公民館」という新しいカテゴリーの形成などにも一役買っていただきました。

「まちのお茶の間」から始まった「岡さんのいえ」は、いまでは地域の人々がそれぞれの発想で使いこなすことで、どんどん自律的に進化していく、そして新しい人々のつながりをつくり出しつつ、セーフティネットでありながら、居場所であり、居場所でありながらわくわくするものをつくり出す文化の生態系のようでもあり、さらに社会とつながり、さまざまな人々を呼びこんで、カオスをつくり出すことで、その生態系をますます豊かにしていくハブのような場所なのです。というよりも、それは「関係」といったほうがよいもの、としてどんどん進化しているのです。

「岡さんのいえ」では、この生態系がツタが蔓延《はびこ》って窒息してしまわないように、自然公園のレンジャーのような役割を果たす人たちの集まりを月に1回開いては、密猟を防いだり、自然を手入れしたりして、無法地帯化しないように、気を配っています。

　多様な子どもや住民が集まるだけに、こういう手入れは必要なことでしょう。このレンジャー役に、私の研究室の院生たちもかかわっています。

「創発」が起こる場所

この「岡さんのいえ」の活動をご覧になって、自分ではとてもとても、と思っていらっしゃる人もいるのではないかと思います。でも、Kさんもこんなになるとは思ってもいなかったのです。

ライターの仕事があったのに……といつもおっしゃっています。ライターの仕事をしていたのに、いつの間にか「岡さんのいえ」が面白くなってしまって、お金のことはどうでもよくなって（?かどうかは知りません。よく、もうたいへん!と叫んで?いますので）、気がついたら、「岡さんのいえ」に巻きこまれていて、貧乏くじ引いたわ、というのがKさんの言葉なのですが、でもまんざらでもなさそうなのです。

私の学生たちも、学部生時代からかかわって、面白くなってしまい、研究課題は異なるのに、「岡さんのいえ」に通い続けている大学院生がいます。また海外からの留学生で、「岡さんのいえ」にお世話になった学生の中には、日本の家族ができたといって、入り浸りになっている人がいます。それほどまでに居心地がよいのです。

誰も「岡さんのいえ」をこのようにつくろうと思ってかかわり、計画通り進めた人などいません。気がついてみたら、こんなことになっていた、というのが偽《いつわ》らざる気持ちですし、実態なのです。これは、私も同様です。

Ｋさんからご相談を受けたときに、「岡さんのいえ」をこうしようという明確なビジョンがあったわけではありません。ただ、私の研究室が「雑踏のような」を標榜《ひょうぼう》しているように、誰もが平場で自由にものがいえて、闊達《かったつ》に意見交換することで、新しい発想ややりたいことがどんどん出てくる、これを「創発」といいますが、そういう創発が起こるような場所として、「岡さんのいえ」があったら面白いだろうと思っていただけです。

それがどうでしょう。いったん地域の人々に受け入れられ、地域の人々が使うことの面白さを知ってしまった後は、誰が何かしようとするまでもなく、勝手に、いわば生態系がどんどんその内容を豊かにしていってしまうかのように、「岡さんのいえ」が自動的にバージョンアップし、深化していってしまうのです。

ここでは、「岡さんのいえ」はすでに建物や空間ではなく、人々のかかわり、つまり「関係」の在り方になっています。

そしてその「関係」が次々に新しいものとなっていく、その鍵は、「あれこれ考えず、自分がやりたいことを、まずやってみよう」ということです。

アート・シンキングに通じる

この動きは、商品開発や組織の革新を考えるときのアート・シンキングに似ています。商品開発の考え方は、一般的には、クリティカル・シンキング（批判的分析的思考）、デザイン・シンキング（設計的目的設定的思考）、そしてアート・シンキング（自分中心的巻きこみ型思考）と呼ばれたりします。でも、ちょっとわかりにくいので、よく自分の大切な人にプレゼントをあげるときの行動になぞらえられます。

私たちのような仕事をしている者は、クリティカル・シンキングが大切だ、といわれます。つまり分析して、課題を析出し、それを解決するためにはどうするのかを仮説として構成して、それを検証しつつ、モデル化するということです。しかし、私自身自分がやっていることを見ると、それはそうなのだけど、実はアート・シンキングではないかと思うところがかなりあるのです。

どういうことなのかといいますと、クリティカル・シンキングは、プレゼントをあげるときに、まず社会の流行を調べて、トレンドをとらえ、プレゼントをあげる対象もそれを欲しがっているだろうと分析して、それをプレゼントする。こういうことだといわれます。

それで、どうでしょうか。皆さんも経験があるのではないかと思いますが、一応、喜んではくれますが、特に欲しいものではない、という感じ、ではないでしょうか。クリティカル・シンキングは、大切な人をもその他一般の人々と同じだと見なすという大きな過《あや》ちを犯しがちなのです。当たらずとも遠からずなのですが、当たらないのです。

では、デザイン・シンキングはどうか。大切な人だから、はずしてはいけない。だけれども、本人に何が欲しいのかを聞くのは野暮《やぼ》すぎる。だから対象を慎重に観察して、さまざまな問いを設けて尋問（！）し、何を欲しがっているのかを探り当てて、プレゼントする。こういうことなのだそうです。

それで、結果はどうなのでしょうか。よくあるオチは「あ、それ持ってる」といわれることです。しかもはずしたときはたいへんです。「そんなもの、要らない」といわれてしまいます。

アート・シンキングはどうでしょうか。アート・シンキングな人は、大切な人だからと相手のことを観察したり、社会のトレンドを調べたりと、そんな七面倒くさいことはしません。自分が欲しいものを「これおいしかったよー。食べてみて」「君にもぜひ食べてほしい」といってプレゼントします。プレゼントの中身については、相手のことは何も考えていないといってよいでしょう。

でも、プレゼントをもらった人はどう思うかというと、たとえそれが自分は嫌いなものであっても、ああ、この人は私のために自分がいちばんお気に入りのものを贈ってくれた、といって感激する、少なくとも不快な気持ちにはならない、こういうことになる、というのです。

気持ちや思いが贈られる

しかもここでは、次によいことが起こります。プレゼントをもらった人は、それが嫌いであっても、気持ちがうれしい、ということは、次に、自分が好きなものをその人にあげようとすることが起こり、おたがいに相手に対する気持ちが深まるのです。その上、誰かとこういう関係にある人は、周りにもお節介で自分の好きなものを薦めますから、どんどん関係がひろがっていくのです。

なぜアート・シンキングが面白いのかといえば、贈られているのはモノでなくて、気持ちや思いだからです。そして、プレゼントの本質も気持ちや思いを伝えるものであることを考えれば、アート・シンキングが最もプレゼントの本質を衝《つ》いていることになります。

私たちの研究もアート・シンキングだと思うのは、そういうことです。どんな研究であっても、人々の幸せのためのものです。そういう研究は、自分がやっていて愉しいはずですし、自分自身が社会に生きている以上、自分が愉しいものは、誰かを楽しませることができ、次々に連鎖を生んでいくことになる。だからこそ、「雑踏」のような生態系の関係が必要なのです。

まず自分のやりたいことを突き詰めてやってみる。このことが、空き家活用にとどまらず、地域活動の鍵なのだといえます。

「空き家」は空いてない

ところで、「日本一おかしな公務員」の山田崇さんは、地元塩尻《しおじり》市のまちおこしを進める過程で、大切なことに気づいたといいます（山田崇『日本一おかしな公務員』日本経済新聞出版）。「空き家」はたくさんあるのに、「空いていない」のです。

空いているから空き家なのに、なぜ空いていないのか。バカなことをいうな、と思うかもしれません。でも実際のところ、空き家の多くは空いていないのです。「岡さんのいえ」はたまたま大叔母であった岡さんが姪孫のＫさんに遺贈したから、そのまま使えたのかもしれません。

でも、空き家は空いていない、このことが実は使わせてもらうことの極意《ごくい》につながるのだと、山田さんはいいます。

「空き家」を使って新しいコミュニティをつくることを面白そうだと思っても、実際、空いている空き家は少ない。しかも、気軽に貸してくれる大家さんもそんなに多くない。だからこそ、行政は空き家問題に悩まされているのです。

なぜなら、それは個人の所有物であり、不動産という資産です。しかも、繰り返しますが、空き家は空いていない。仏壇から家具から生活用品から、とさまざまなものが空き家には詰めこまれたまま、人がいなくなっているだけなのです。

だから大家さんは貸したがりませんし、処分するにもできないまま、放置されているのです。

そしてだからこそ、山田さんはそこに空き家活用の鍵があるというのです。

まず、使わせてほしい空き家があったら、人伝手《ひとづて》に大家さんに状況を確認し、ひとりだと嫌がられるので、まちのみんなで、掃除しますよ、と持ちかけて、大家さんを含めてみんなで大掃除をする。そうしているうちに、空き家の価値がみんなに伝わって、みんなで使いたいから貸してもらえないかという話になる。大家さんも、みんなで責任をもって使ってくれるのなら、ありがたい、と受けとめるようになる。こんなことが多いのだというのです。

無理やりではなく、おたがいにありがたいという気持ちが持てるような関係をつくりながら、本当にありがとうという気持ちで使わせてもらい、そこにアート・シンキング逞《たくま》しい人々が集まって、愉しいことをあれこれやりはじめると、スロースタート、スモールスタートでも、どこかでブースターが発火して、まちのハブとなっていくのだと思います。

ちょっとした空間を「ひらいてみること」、こんなことがこの社会の在り方を草の根から変えていくのかもしれません。

第2章　限界団地が多世代交流型コミュニティに！

——地縁のたまごプロジェクト

人は頼りあうことで自立する

孤立と依存が深刻化

コロナ禍、気候変動、そして戦争という世界的な大問題に翻弄《ほんろう》され、また、通勤や日々の生活で疲れきっているのに、その上にあれやこれやのこまごまとした問題がこれでもかと、次から次へと湧き上がってくるようで、なんで自分ばかり、と愚痴《ぐち》をいいたくなる心境になっている人も多いのではないでしょうか。

自分は何も悪いことをしていないのに、自分ばかりが損をしている、と思いたくなるときもあるでしょう。「親ガチャ」ハズレた、「上司ガチャ」ハズレた、「会社ガチャ」ハズレた、と自分の不遇を誰かの責任にしたくなる気持ちにとらわれてしまうこともきっとあります。

そう思ってしまうのは無理からぬことです。そして、それは本当にあなたの責任ではないのです。そういいきってしまってよいと思います。あなたがそう思うことの背後には、この社会が失ってしまったものが横たわっています。

その一つが、人々がおたがいの信頼関係の中で、地域コミュニティをともにつくっているという感覚ですし、住民自治という営みです。

このような社会では、消費者は神様でありながら、行政やサービス提供者に依存しなければ何もできない、孤立して無力な存在とならざるを得なくなります。しかも、社会からはそれが自己責任だというメッセージが発せられていて、だからこそあなたは頑張らなければと、自分でなんとかしようとして、いっそう孤立してしまう。

その結果、自分を超えたより大きな強いものにすがりたくなり、考えることをしなくなって、仕方がないと諦《あきら》めてしまう。こういうことになってはいないでしょうか。でも、そのことが結局、人々の生活をますます困窮させ、社会をますます分断してしまうのです。

しかし、私たちの生活とは本来、そんなに脆弱《ぜいじゃく》なものではなかったはずです。私たちが、たがいにこの社会にともに生きる存在としての自分を見失い、生活をともにつくり、社会をともにつくっているという感覚を失うことで、何か大きな強いものにすがっていないと不安に苛《さいな》まれ、自分だけを大事にしてほしいと求めることとなってしまっているのではないでしょうか。

それがまた人々の孤立を深刻化してしまいます。孤立と依存こそが、私たちがこの社会を生かせない大きな原因のように見えます。

人の本性をめぐって

人々が孤立して、何か大きなものに依存することでさらに孤立する社会では、改めて、人々が相互に認めあい、受け入れあう関係をつくることで、他者と結びつき、ともにこの社会をつくり、治めているという感覚と意識をつくり出すことが求められます。そうすることが、人々の生活を安定させ、人々がこの社会で安心して暮らせることにつながると思われるからです。

こんな寓話《ぐうわ》があります。

「地獄にはご馳走があり、長い箸が用意されている。それは長すぎて、自分の口に入れられない。だから亡者たちは、目の前に食べ物があるのに、飢えて争う。これが地獄です。天国は地獄の隣にある。天国にもご馳走があり、地獄と同じように長い箸が用意されている。そう、実は天国は地獄と変わらない」「天国では、長い箸で他人に食べさせてあげている。そして自分も他人に食べさせてもらう。地獄の亡者は自分のことしか考えない。だからご馳走を前にして飢えて争う」（以上、たとえば、海堂尊《かいどうたける》『極北クレイマー　下』朝日文庫）

この話、よく耳にするのではないかと思います。仏教の法話などにも登場するようです。出典は、華厳経《けごんきょう》という説もあるといわれますが、はっきりしないようです。キリスト教にも同じような話があると聞きました。ここには私たちがこの社会で生きていく上で、重要なことが述べられているのではないでしょうか。

人はひとりでは生きてはいけない。その通りです。しかし、ここには、ひとりでは生きていけないから助けあわなければ、という話では終わらない何かが、そっと挟みこまれていると感じます。

人はひとりでは生きていけない、という言葉に対しては、たとえば、あるエッセイストの次のような言葉を対置してみたくなります。

「自分の家族と思うから余計な期待をしてしまう。それがストレスになり甘えになる。／家族の間に日常的に微風を吹かせておきたい。べったりで相手が見えなくなり、排他的になるなら、家族ぐらいしんどいものはない。／孤独に耐えられなければ、家族を理解することは出来ない。（中略）独りを知り、孤独感を味わうことではじめて相手の気持ちを推しはかることが出来る。家族に対しても、社会の人々に対しても同じことだ。なぜなら家族は社会の縮図だからである」（下重暁子『家族という病』幻冬舎新書）

この二つの言葉は、正反対のことをいっているのでしょうか。私にはそうは思えないのです。同じことの裏表をいっている、つまり人が人として社会で生きていく在り方を、それぞれがそれぞれのいい方で指し示しているように思えるのです。

たとえば、それは次のような人の本性の表現と重なります。ジャック・ラカン（哲学者）の「人は人の欲望を欲望する存在である」という表現です。

地獄か天国か

地獄で亡者は自分のことしか考えません。だから、飢えて苦しむのです。誰からも食べ物をもらえないからですが、ここではなぜもらえないのかが問われなければなりません。

別に自分のことだけを考えていても、誰かのものを奪ったり、誰かがくれたりするのであればそれでいいのではないでしょうか。ただ、その誰かも自分のことしか考えていませんから、誰もくれないのでしょう。

また、誰かのものを奪うにしても、そこでは奪いあいの喧嘩が起こりますし、喧嘩に勝っても自分のお腹が膨《ふく》れるだけです。しかも、あまりいい気持ちではなく。

では、天国ではどうでしょうか。天国では、他人に食べさせてあげる、つまりまず自分から相手に食べさせている、自分がその人からお返しがあるかどうかもわからないのに。これは、ある意味での純粋贈与です。

見返りを期待しないで、相手に贈り物をする。そうすることで、いわば神の初発の一撃が起こり、次々と食べ物を贈りあう贈与が連鎖していく。こういうことではないでしょうか。

そしてそこにはさらに重要なことがあります。それは食べ物の贈与としては見返りを求めてはいない純粋贈与ですが、そこではラカンがいうように、人の欲望を欲望する、つまりその人というよりも、自分が生まれ落ちてきたこの社会でみんなが欲しがっているものを自分も欲しくなる、ということだけではなくて、人が喜んでくれることを悦《よろこ》びとする、つまりその人が欲しがっているという「こと」を我が事とするという心の動きがかかわっているのです。

そして、人はそのこと、つまり他者にかかわってもらうことを求めており、他者から求められること、すなわち他者に欲望されることを欲望してしまわざるを得ない。なぜなら、私たちは皆がそのように欲望している社会に生まれ落ちてきて、自分がつくられていくからだ。こういうことです。

人への想像力

ここには、地獄で人のご飯を奪って満腹になること以上の悦びがもたらされています。お腹が膨れるかどうかわからないのに、自分には自分に対する満足が還ってくる、そうすることで実は自分にも他者からご飯がやってくる、お返しとしてではなく、誰かからのプレゼントとして。こういう満ち足りた循環がつくられていくのです。これこそが自立しているということなのではないでしょうか。

そこでは、自分が孤独であることに耐えること、つまり人とは異なる人間であることが前提となって、それでもこの社会で皆一緒に生きている、それだからこそ、人への想像力を働かせて、その人が欲しがるものをその人に贈ることで、その人が欲しがっているという「こと」、そして満足して喜んでいるという「こと」を自分の「こと」とする、そうすることで自分に満足を感じることができる。

このことの基本的で究極の在り方は、私は、他者が私にその他者にかかわるように欲望することを欲望してしまう、つまり常に誰かに呼びかけられることで、それに応答しないではいられないことを欲望してしまう、この社会の中に自分がいること、求められることを求めてしまうということです。

私たちは誰しもが、こういう他者を求め、他者に求められたいと願っている存在なのです。私たちは極《きわ》めて社会的な存在でしかあり得ないのです。そこには、他者に対する想像力が働いています。ここには、人とはそういう存在だということが示されています。

笑いのある社会

ですから、下重暁子《しもじゅうあきこ》さんの指摘する孤独に耐えることではじめて家族を理解することができるというのは、家族の一人ひとりがそれぞれの相手に対して想像力を働かせて、その人のために何かをすることで自分が豊かになるという幸福感を感じられる連鎖を引き起こす一つの純粋贈与でもあるのです。見返りを求めない、プレゼントなのです。

そういう家族は、たがいに尊敬しあい、本来の意味で自立した、頼りあい、助けあって生きる家族ではないでしょうか。

自立とは、孤立の別名ではありません。強い個人が、他者と争って、利益を得ようとすることは自立ではありません。その個人はどんどん孤立の度合いを深め、この社会で生きていることの悦びからますます遠ざかっていってしまいます。

そうではなくて、常に人に関心を持ち、その人の欲望を欲望するかのようにして想像力を働かせ、その人の呼びかけに応えることで、自分の悦びを豊かにしていくこと、そういうことが本来の意味で、ひとりでは生きていけないということですし、社会の中で生きているということ、つまり自立なのだといえます。

人の欲望を欲望して、それを想像して、実現することで、人との間で悦びを感じる、こういう自分をつくり続けていくこと、それは楽しいことであるに違いありません。そういう自立を成し遂げ続けている人には、笑いが絶えないのではないでしょうか。そしてその笑いとは、人と人との間に巻き起こる社会的なものです。

笑いのある社会は、人々がともに頼りあうことで自立している、健康な社会だといってよいでしょう。そこには寛容と余裕が生まれます。そこでは、多様であること、皆ちがっていることがごく自然であり、人がそれぞれ異なってあることで、自分がそこにあることを感受して、人の存在を感謝するような、そういう魅力が社会に生まれます。

リーダーシップよりフォロワーシップ

反対に、想像力を失い、一つの観点に凝り固まってしまっている人は、他者に対して攻撃的になり、自立という孤立に固執しがちになります。自分だけを大事にしてくれといいつつ、社会を呪《のろ》う言葉しか吐くことができなくなってしまいます。

このような社会では、人々はたがいに呪いの言葉を掛けあい、いがみあうことしかできなくなってしまいます。それはまた、人を信じることができなくなり、疑心暗鬼の中に生きることと同じです。

このような社会では、人々は足を引っ張りあって、不機嫌にいがみあう、いわゆる下方平準化（人々がたがいにひきずりおろしたり、潰《つぶ》しあったりして、社会や組織全体が下へ下へと平均化すること）が起こります。

いまの社会に活力がないのは、人々が努力して、たがいに認めあって、新しい価値をつくり出し続けるのではなく、相互の潰しあいが起こってしまっていて、面白くない社会が出現しているからではないでしょうか。

そのような社会では、人は他者からの批判を怖れて、失敗を避け、その結果、イノベーションは起こらなくなってしまいます。

いま一度、孤立ではなく、認めあうこと、潰しあうのではなく、高めあうこと、対立をより高次の創造へと組み上げること、こういうことができる社会の基盤を考え、実践し、実現していくことが求められているのではないでしょうか。それは、小さな顔の見えるコミュニティをベースに、私たちが頼りあうことで自立することでもあります。

そこでは、他者と競争して勝ち抜く力ではなくて、他者と協働して新しい価値をつくり出す力が求められます。強い個人が他者を蹴落として、リーダーシップをとるのではなくて、弱い個人が助けあって、誰もがきちんと位置づくことのできる社会をつくり、新しい価値をつくり続けること、さらには哲学者の鷲田《わしだ》清一《きよかず》さんのおっしゃる、誰も取りこぼしはないかと、気を配りつつ、皆が役割を果たせるように支援する、しんがりを担う思想、フォロワーシップが重要となるのです（鷲田清一『しんがりの思想——反リーダーシップ論』角川新書）。

このしんがりを担うようにして、人とかかわりながら暮らしをつくる。こういうことができれば、どんなに幸せかと思います。そして、こういう生活を、地域コミュニティづくりを通して実践している人たちがいます。千葉県柏市《かしわ》の「多世代交流型コミュニティ実行委員会」による「地縁のたまご」プロジェクトの皆さんです。

じじばばが子どもを支えて主役になる

大都市近郊団地の現実

私の研究室では、さまざまなまちづくりの取り組みを行っています。その中にたとえば、「多世代交流型コミュニティ」づくりの実践があります。

これは千葉県柏市で行っているものです。はじまりは、ある戸建て団地の自治会からのご依頼でした。この団地は、いまから40年ほど前に東京近郊にたくさん開発された新興住宅地の一つで、いわゆる千葉都民が住んでいるところでした。

千葉都民とは、千葉県に住んで、東京都に通勤しているサラリーマン家庭を揶揄《やゆ》する言葉で、千葉県に住んでいながら千葉のことには関心がなく、東京に目が向いている人々、とでもいう意味です。

この団地に子育て世代だった30代の若い夫婦が一斉に転居したのです。その人たちが、定年を迎え、この団地のコミュニティへ帰ってくることで、団地が一気に高齢化してしまったのです。

ここにもう30年以上も住んでいる方からの、高齢化で人間関係も稀薄になりがちだが、なんとかしてこの「新しい故郷」を維持したい、そういう思いからのご相談でした。

さみしいんだけど、何かしてほしいわけじゃないんだ

詳細は省きますが、この相談を受けて、私からはコミュニティの範囲を団地だけではなく、小学校区にまでひろげた上で、多世代交流型のコミュニティをつくれないかと提案しました。それは、地元高齢者の生きがいを中心にして、「安心」「安全」「学習」という概念で考えられる地域の資源を配置して、高齢者がおたがいに声を掛けあって「まち」に出かけ、「まち」で活動し、そうすることで「まち」が変わり、「まち」が終《つい》の住処《すみか》になるような在り方を構想するものでした。

この構想を、ありがたいといって受けとってくださった住民の皆さんだったのですが、実際にお話をうかがってみると、なかなか素直にこの構想を実現するということにはなりそうもありませんでした。

「オレたちが子どもの面倒を見たいんだよ、ほんとのところ」という出だしで始まった住民の皆さんの話は、こういうことでした。

「健康、カネ、時間、現役時代には欲しくてたまんなかったものが、いま、手の中にあるっていうのに、それじゃあダメなんだな。さみしくてかなわない。ないのは生きがいなんだ

よ」

だから、「生きがい」を中心にした、まちづくりの構想を出したのですけれど……。

「でも、なんだか、しっくりこないんだよねえ。なんだろ、あんたら若い世代が年寄りの面倒を見る、っていう感じがしてしまうんだよね。そうじゃないんだな」

「さみしいんだけど、何かしてほしいというわけじゃない。そんな感じなんだな」

「でね、自分の息子世代を見てみるだろ。そうすると、孫がさみしそうなんだな。このご時世、みんな共稼ぎなんだね。親は忙しくて、子どもに構ってられない。何不自由ない生活を送ってるのに、孫の世代は、なんだかこの社会に居場所がないような感じなんだな。オレたちとおんなじじゃないかって思うんだよ」

〝たまご〟の誕生

「オレたちに、孫たちの面倒を見させてくれないかな」

「でさ、自分の孫がいないのもいるじゃない。それで、他人の孫を自分の孫にするってのはどうだい？」

「お、おもしろそうだねえ。他人の孫、って他と孫で〝たまご〟だろ」

「それをいうなら、その他人の孫の〝たまご〟が多くなるともっとうれしいよね。多い孫で

〝たまご〟だろ」

「おお、それいいねえ。〝たまご〟ってなんだか守ってやんなきゃいけないようなイメージがあるし。じじばばがここで一肌脱いで、〝たまご〟のために、頑張るっていう感じ。いいねえ。なんだか、元気が出てくる」

「今度は、じじばばの出番だね。ちょっとわくわくしてきた」

「先生、こういうオレたちのわがままを実現できるような計画、つくってくれよ」

「では、それって、血のつながった孫じゃなくて、地元の孫ですから、血縁の〝たまご〟ではなくて、地縁の〝たまご〟ですね。『地縁のたまご』プロジェクトでいきましょう」

ということで、「地縁のたまご」プロジェクトが発足することになったのです。

新しい鎮守の森

でも、新しいプロジェクトを始めるためには、核となる組織と場所が必要です。どういう組織をつくるのかがまず大問題でした。私たちの経験が教えてくれるのは、地域の人間関係は、総論賛成・各論反対の世界だ、ということです。みんなが、「地縁のたまご」いいねえ、といっているうちは一つの方向を向いているのですが、いったん具体的な実践が始まった途端に、あ、先生、いい話なんだけど、オレ、あいつとは馬が合わないから、今回は勘弁して、といって、人がぽろぽろと抜け落ちていってしまうのです。その結果は、火を見るよりも明らか。うまく動かなくなってしまいます。

そこで、私たちは地元の高齢の方々に、地元総出でプロジェクトを進めるために、実行委員会をつくってもらうことにしました。それも、地元のあらゆる団体に声をかけて、そのリーダー格の人に参加してもらうのです。

でもそこでまた、問題が起こります。誰が実行委員長を担うのか、ということです。人選を間違えば、そっぽを向く人が出てきます。

そんなとき、力を発揮する人が、地元には必ずいるのです。これも、私たちの経験が教えてくれることです。「百戦錬磨のおばさん」です。少し前まで、小中学校のＰＴＡなどで鳴らして、地元の人間関係に精通した世話焼きおばさんが、必ず地元にはいます。

そういう人に相談に行きますと、即答で「あ、それなら、この人が適任よ」という人が出てきます。この人に実行委員長を務めてもらいました。とてもうまく取り回しをしてくださり、すぐに動きが生まれました。

次は、場所です。さて、どうするか、と思案していましたら、ばばからこんな意見が出たのです。「みんな、高度経済成長の頃にここに引っ越してきて、新しいふるさとをつくってきたんだけど、もともとの自分の地元には鎮守《ちんじゅ》さまがあって、みんな、その森に守られて遊んだっけね。ここにはそんなものありゃしないけど、私たちが鎮守の森になって、子どもたちを守ってやりたいねえ」

するとどうでしょう、口々に、こんな意見が出てくるのです。

「だったら、新しい鎮守の森が囲んでる境内《けいだい》が欲しいよね」

「境内をみんながつくって、みんなで運営したらどうだい？」

「集会所じゃなあ」

「そうだねえ、畳敷きでお茶が出るって感じじゃないねえ」

「ちょっとこじゃれた喫茶店、って感じ？」

「あ、コミュニティ・カフェにしましょう」

こんな感じで、新しい鎮守の森としてのじじばばがコミュニティ・カフェを経営する、ということで、プロジェクトの核がつくられていったのです。

コミュニティ・カフェを自分たちで経営

コミュニティ・カフェの場所は、行政にお願いして、公共施設の空き車庫を出してもらいました。それを、住民総出で改装して、居心地のよいカフェにしつらえたのです。

地元には、腕に覚えのある多彩な人材が揃っています。大工さん、左官屋さん、電気工事屋さんからインテリア関係の仕事をしている人、そして家電品屋さんから事務用品屋さんまで、それぞれが得意分野の力を発揮して、手弁当でカフェをつくっていきます。そして、地元住民も、時間を見つけては、お弁当を持ってきたり、労力を提供したりして、見る見る立派なカフェが出来上がっていきました。

　子どもたちにも声をかけました。彼らの役割は、この「地縁のたまご」のキャラクターをつくることです。コミュニティ・カフェ開店に先立って、子どもが考えたキャラクターを、彼ら総出でカフェのシャッターに描きました。

　オープンは２０１２年の５月、名づけて「茶論《さろん》」です。地元の関係者が総出で祝い、その後、活発に利用されて、今日に至ります。もう12年も経ってしまいました。

　一日の利用者は、平均で延べ１２０名ほど、地元の小学校区コミュニティが約３０００名ですから、休業日を除いて約１ヵ月で学区の人々が一巡する計算になります。週の半分を地域のグループによる活動の日、半分を自由に利用できる日としてありますが、グループ活動の時間は、すでに半年先まで埋まっていて、時間の取りあいになるほど活用されています。

　子どもたちも日常的に訪れるようになり、朝、登校時に立ち寄っては、行ってきまーす、と元気に挨拶をし、下校時にもまた立ち寄っては、ただいまーっ、と声を交わしたり、宿題を見てもらったりしています。地元の高齢者も、登下校時の「辻立ち」をして、子どもたち

茶論の風景

の見守りと声かけをしたり、グループ活動に子どもを招いて、一緒に手芸をしたり、地域の清掃活動を行ったりと、多世代交流があちこちで進められています。

さらに学校との連携も強め、土曜授業や放課後子ども教室を、「多世代交流型コミュニティ実行委員会」として担当したり、学校の環境整備にも力を入れたりと、いまでは、学校から「多世代さん」と呼ばれて、さまざまな行事への協力を依頼されるほどにもなっています。

最近では、学校の遠足などの校外行事に同伴して、先生方の負担を減らしたり、子どもと交流しつつ、見守りをする活動などにも積極的にかかわりを持ったりと、学校運営になくてはならない存在になっています。なかには、学校の読書指導にかかわったり、授業に出向いて、子どもたちの勉強を見てやる役割を担いはじめたりしたじじばばもいます。

そのためか、学校も「多世代さん」との関係を大切にして、教育実践をしようとの動きが強まり、地元からの要望も極力優先的に受け入れてくれるようになったといいます。

じじばばが元気で、子育てにやさしい地域と評判に

こういう取り組みの中で、地域の人間関係も明らかによくなり、子どもたちも笑顔で挨拶をしてくれるようになったそうです。そうなると、じじばば世代と子ども世代に挟み撃ちされるかのようにして、いわゆる現役世代が動きはじめます。

自分の子どもをじじばばだけに預けておいてよいのか、申しわけない、という思い以上に、なんだか楽しそう、という関心が彼らの背中を押すのです。そして、気がついてみたら、週末の夕方、「おやじの会」がバーベキューの集いをやっていたり、「ママの会」がコミュニティ・カフェで手づくりのお菓子を振る舞っていたり、という活動がひろがっているのです。

それだからでしょうか、この地域は子育てにやさしい地域だとの評判が立ち、若い子育て世代が幾度も見学に来て、活動に参加しては、最終的に、ここに家を建てて引っ越してくることが多くなっています。少子化の影響で、同じ市内の学校は学級減なのに、この地域の学校は学級増になっているのです。

また、地元の農家の協力もあって、コミュニティ・カフェの前庭では、農作物の朝市が開かれ、住民の交流の場としても機能し、またちょっとした小さな経済の循環をつくることにもつながっています。

「さみしいじじばばと孫たちが結びつくことで楽しいコミュニティをつくる」という思いはすでに遂げられています。しかも最近では、人口増にともなって、医療機関の誘致にも成功し、コミュニティの安心度は格段に高まっています。いまこの医療法人との間では、訪問医療・在宅介護の実現に向けた話しあいが進められています。

またコミュニティを持続可能なものとするために、ひとり暮らしになった高齢者が、空き家を利用した地元の小さなグループホームに移り、自分の家をリフォームして若い世代に貸し出したり、売ったりして、若い世代に引っ越してきてもらうような仕組みをつくろうと、不動産流通の研究会を立ち上げる動きも出ています。

「自治」をやる

こうして、人々が誰彼となく結びついて、おたがいに認めあい、支えあうことで、その地域コミュニティを担うアクターへと自らを育てていくのです。そうすることで、楽しくて、生きがいのある生活を送ることができ、そこにさらに人が集まってきては、新しい地域コミュニティの経済が回りはじめ、まちが生き生きとしていくのです。

このコミュニティでは、老若男女すべての人々がフルメンバー、つまり正規のメンバーとして自分の役割を楽しく担い、人と人とを結びつけながら、自分が認められ、コミュニティに位置づき、大切にされているという幸せな感覚を持つことができるようになっています。

まさに、コミュニティが自立して、自治的に経営され、主権化、つまり自分事化しているのです。自治とか主権とか、難しい言葉のように聞こえますが、それは眉間《みけん》にしわを寄せて、しかめっ面して語るような言葉ではありません。自分から、みんなで、楽しく、やる。そういうことです。

こんなことがあります。いま、中高生くらいの若い世代が「自治」という言葉を使いはじめているのです。「自治」をやる、「自治」ができてる、といったりします。

たとえば、地下アイドルの追っかけの子たちがいます。この子たちが、「私たち、Ａちゃんの追っかけは自治ができてる。でも、Ｂちゃんの追っかけの子たちは自治ができてない」というのです。

楽しい恩送りは伝染する

どういうことなのでしょうか。彼女たちはこういいます。

私たちAちゃんの追っかけは、コロナ禍でみんなが気をつかいあわなければならないから、コンサート会場でもマスクをして、きちんと距離を取って並んで、会場に入り、会場でもAちゃんを支える気持ちとコンサートを開けるようにしてくれた関係者の人たちへの感謝の気持ちで、しっかりと楽しんで、最後は、会場の後片づけを手伝って、来たときよりもきれいに掃除して、「ありがとうございました！」って、会場をあとにする。そうすると、自分もAちゃんの仲間の一員だという気がして、うれしいし、とても気持ちがいい。そうすると、その気持ちが伝染する。これが「自治」をやるってこと。

でも、Bちゃんの追っかけの子たちは、全然整列してないし、会場でもマスクはずして大騒ぎだし、コンサートが終わったら、会場を散らかしたまま、帰っちゃう。「自治」ができてないでしょ。楽しくないんじゃないのかなあ、こういうの。

そう、主権とか自治の基本は、みんなで一緒に自分からやって、楽しむ、そうすると気持ちがいい、そしてそれが自分事になる、ということなのです。

先の「地縁のたまご」プロジェクトも、じじばばが子どもを支えることで、子どもを主役にして、自分が新たな役割を獲得して、楽しくなるし、気持ちがいいという恩送りの実践なのです。この取り組みでは、地域コミュニティが住民一人ひとりの自分事になっているのです。

楽しく、無理せず、ドット（点）を増やす

円（カネ）より縁（つながり）

この「地縁のたまご」プロジェクトを見ていただければ、私たちのまちづくりの実践が、より小さなコミュニティから始められていることの意味が、おわかりいただけるのではないかと思います。

上から網をかぶせるようにして、指導していっても、「まち」は動かないのです。また、まちの課題を解決しましょう、と提案して、課題を意識させ、その課題を解決するために、予算をつけて、つまりおカネで住民を動員するという手法も、あまり褒《ほ》められたものではありません。円（カネ）よりも縁（つながり）なのです。

たとえば、防災訓練があります。私の家のある町内でも、大規模な地震が来るといわれ、町内会で防災訓練を繰り返してきました。私も町内会の役員をやっていたことがあり、防災訓練には毎回参加していました。

はじめの頃、マスコミなどで煽《あお》られたこともあって、住民の参加も多かったのですが、すぐにでも来るといわれていた地震がなかなか来ない。住民も飽きてくるし、防災訓練も負担

だ、ということで年々参加者が減り、ついには役員しか参加しなくなってしまいました。こういうことはよくあるのではないでしょうか。

防災訓練は楽しく行うのがコツなのです。ある山の中の小さな村では、子ども向けの稲作教室を防災事業と位置づけています。行政の担当者に「なぜ？」と聞きましたら、こういう返事でした。

「ここの棚田は人工のダムなのです。この棚田が維持されることで、治水になっていますし、いざというときには、小さな田んぼ一枚で数軒の生活用水を1週間まかなうことができます。ですから、子ども稲作教室を開いて、子どもたちが楽しく稲作を学ぶことで、休耕田を少なくしているのです」

なるほど確かに、防災事業です。

また、ある地区では、防災訓練を夏休みのキャンプと重ねて行っています。しかも、学校の校庭をキャンプ場にして、夏休みの土日に、日頃参加できないお父さんたちにも参加してもらって、テントを張り、キャンプファイアや飯盒炊《はんごうすい》さん、それに段ボールを使った体育館でのパーテーションづくりなどをやっています。

これらはすべて、被災時に避難所になる学校を使った避難所経営の訓練に結びついているのです。そして何よりも、人々が顔見知りになることで、日頃から気にかけあう関係をつくることができますし、子どもたちも学年や通学団を超えて仲間ができ、自分の学校が避難所になるのですから、活躍する場がひろがることになります。

やらされ感が大敵

義務感よりも楽しさ、なのです。乗り気がしない、というのが、まちづくりにとっては大敵です。ですから、やったら楽しかった、なんだか楽しそう、というのがまずは大事です。楽しいというのは、単に消費的な楽しさということではありません。むしろ、本当に楽しいという感じは、友だちや仲間と一緒になってやって、やり遂げた、完成した、という達成感と、自分にもこんなことができるんだ！という驚きと、仲間から認められているという肯定感、そして仲間を自分も認めているという相互の承認、そういうものが重なりあって生まれる、極《きわ》めて社会的なものです。こういう楽しさをいったん覚えてしまうと、それが自分を駆動するようになって、また次もやってみたくなってきます。

成功しているまちづくりの事例は、みな、このような人々の楽しさが生み出す駆動力をうまく利用したものだといってもよいと思います。そういう楽しさに裏打ちされた駆動力が働くようになると、それが人々に当事者性をもたらすようになり、人々は自分から、ここはこうしたらどうだろう、ああしたらどうだろうと、工夫するようになり、それがまた自分への驚きとともに、新しい駆動力を生み出すようになるのです。

まちづくりだけではありません。日常生活での困りごと対応なども、課題解決から着手すると、皆さんはじめのうちは義務感や必要に迫られて始めるのですが、途中で負担感が出てきてしまって疲れてしまい、物事が動かなくなることがよくあります。

気晴らしもいい

私たちの実践で、こんなことがありました。高齢化率の高いコミュニティで、住民が互いに見守りあって、支えあう関係をつくる相談がありました。それまでも、幾度も支えあい会議のようなものをつくって、相互の見守りを組織化しようとしたのですが、うまくいかなかったというのです。

始めようとするときには、よいことだし、このコミュニティにとっては必要なことだから、と誰もが賛同するのですが、やりはじめてしばらく経つと、負担感が出てきて、一人抜け、二人抜けして、最後にはやれる人がいなくなってしまうのです。

こういう話はよく聞きます。私たちがやったのはそうではなくて、楽しいことから入るというやり方です。

まず、地元の人たちと世間話をするようにして、対話を重ねて、どんなことに関心があるのかを聴きとります。みなさん、高齢の方々へのケアで疲れている雰囲気が伝わってきます。そして、誰かがちょっと気晴らしにコーラスでもやってみたいといい出します。すると、数名の人たちが、私も、私も、と賛同してくれます。

こういうことが重なって、私の研究室主催で、コーラスやヨガ、ハイキングや町の歴史などの講座を開くのです。すると、皆さん、気晴らしにやってきて、楽しくなってくるとコーラスやヨガなどのサークルができあがってきます。

楽しい活動ですから皆さん忙しい日常生活の中でも、少しの時間を割いて参加してきます。そうこうしているうちに、誰かが、「うちのおばあちゃんね、最近、認知症がちょっとひどくて……」と愚痴《ぐち》をこぼしはじめます。すると、「うちもそうよ。うちなんかねえ……」と会話が始まります。

こうしているうちに、「だったら、愚痴会やらない？」と誰かがいいはじめて、近くの喫茶店で愚痴放談会が始まり、それが定例化して、気がつくとおたがいに助けあったり、情報を交換しあったりする「支えあい会議」のようなグループができて、活動を続けていくようになったのです。

この実践では、その後、ケアラーズ・カフェ（ケアする人のカフェ）というグループができて、おたがいに支えあういい関係が続いています。

無理せず、気晴らしになるような形で、というのも、一つの存り方です。

ドット（点）が一つひとつつながって

このような実践を生み出すためには、人が顔と顔を突きあわせて認めあえる関係をつくることができるような、小さな関係づくりから入ることが秘訣だといえそうです。

私たちの実践も、こういう小さな関係づくり、顔の見える関係づくりから着手して、あとは短くても3年間はかかわり続けるというスタンスで、まちづくりの実践を進めています。「ちいさな社会」をつくるということなのです。しかし、こういう話をすると、すぐに、ネットワークの形成ですね、という反応が返ってきます。またはそれを核にして同心円状に拡大していくのですね、といわれることもあります。

しかし、私の感覚では、網の目をひろげたり、面的な展開をしたりするのではなくて、ドット（点）を増やしていく感じなのです。それが地下茎《ちかけい》で結ばれているのかもしれませんし、つながった結果、一つのレイヤー（層）をつくりだすことにつながるのかもしれません。

でも、ネットワークを形成するというと、異なるものを力業で結びつける、ある種の無理が働くようにも思いますし、同心円的な展開となると、異質なものを排除することにもなりかねません。

むしろ、ドットがどんどん増えていって、それが重なったり、相互に干渉したりすることで、新しい価値が生まれ、またそこにドットが一つ増えていく、こういう感じなのです。

ですから、グループや組織を継続させる議論で、後継者がなかなか育たないとか、新人が入ってくれない、という話をよく聞くのですが、私は無理して新人を獲得したり、後継者を育成したりすることもないのではないかと思います。

やりたいことがあれば、新しい人たちで新しいグループをつくって、活動し、先にできていたグループと交流してもよいでしょうし、他のところで活動してもよいでしょう。グループが増えていくこと、つまりドットが増えていくことで、その活動が継続的にこの社会の中で続けられていくという在り方を実現したほうがよいのではないでしょうか。

面展開も同様です。下手に面積が増えてくると、そこには普遍化、一般化の罠が待ち受けています。多様性や異質性を重んじるといっているのに、気づいてみたら、組織の運営のためにある種の服従を求めてしまっていた、というケースは少なくありません。

一つひとつのグループは、かかわっている人から見たら大事なグループですし、継続できることは大切ですが、それが排除の論理につながってしまっては、社会にとってはよいことではありません。少しでもたくさんのグループがさまざまにかかわりあいながら、活動を楽しむことで、社会の中に多様なつながりができてきて、人々が孤立しなくなることが大切なのだと思います。

自分を社会で生かそうとする「生きる力」が発動

要は、小さなドットをどんどん増やしていくことではないかと思います。

この意味では、コミュニティというよりも、もっと緩《ゆる》やかに、人々が関心を持ちあって、どこかでつながっているような、「ちいさな社会」をたくさんつくるというイメージなのかと思います。

ネットワークをつくるというと、これも強い結びつきというイメージがともないますが、「ちいさな社会」がたくさんできてきて、それがそれぞれの周縁部でぼやっとつながっている、関心を持ちあっている、こういう感じが大事です。

そういう関係がひろがることで、この社会は多様な価値がたがいに認めあう、豊穣《ほうじょう》な「社会」になっていくのではないかと思います。

こういう「社会」での生活は、常に自分の頭を働かせて、創意工夫して、他者を想像し続けなければなりません。戸惑うこともあるでしょうし、しまったと思うこともあるでしょう。でも、それは、そのたびに、新しい自分に出会っては驚くという経験を重ねることでもあり、とても楽しいことなのではないかと思います。

そういう楽しい生活を送ることで、自分が「社会」にとってなくてはならない存在なのだと実感できること。こういうことが、人を常に次にあれしよう、もっとこれしよう、と駆動していくのです。

こういう駆動力は、誰もが持っているものです。しかしそれは、人との間でしか発動しません。それは顔が見える関係を基本につくられた「ちいさな社会」の中で、自分を認められ、自分も相手を認めることで生まれる、事後的な肯定感と自分への驚きがつくり出す、自分をこの社会で生かそうとする「生きる力」なのです。

これこそが、「人の欲望を欲望する」私たちの本性でもあります。

生きるに愉しい社会へ

これからのこの社会は、こういう自分への駆動力を発動させる人たちがつくり出す、自らが経営する「社会」へと組み換えられていくのではないでしょうか。そうすることで、人々は尊厳を認めあい、常に自分をつくり続けるとともに、ともに生きているという実感を豊かに生み出しながら、この社会を価値豊穣な、生きるに愉しい「社会」へとつくり出していくことになるのだと思います。楽しさが愉しさに変化するとでもいえばよいでしょうか。

「ちいさな社会」がそれぞれに動きながら、それぞれにどこかで重なり、ふれあい、関心を持ちあうことで、この社会は人々の思いが重なり、生活をささえあう、生きることが愉しい、魅力に溢《あふ》れた社会になるのではないでしょうか。

これこそが依存ではなく、自立するということですし、私たちの先達がつくってきたこの社会を生かしていくことにつながるのだと思います。

誰もが社会のフルメンバーとして、自分を新たにし続けることができ、自分に驚き、人とともに地に足をつけて生きているという実感、つまり当事者性を感じとり、愉しくて仕方がない存在へと自分をつくり出すことができる「社会」、こういう「ちいさな社会」が、すでにこの社会のそこかしこで実現しはじめているのだといってよいでしょう。

これが誰もが主役になって、皆とともにつくり、担う、新しい社会のイメージでもあります。

第3章　人が集う面白公民館

——パーラー公民館の誕生

これまでのイメージを一新

一風変わった公民館

那覇《なは》市若狭《わかさ》公民館が実践してきた「パーラー公民館」、それはまちの片隅にちいさな公共空間をそっと開くことで、人々が集《つど》い、つながり、おたがいを認めあって、生きることを支えあうような、そんな自然発生的なかかわりを生み出す「場」としてあります。

その「場」が生まれ、続けられ、人々のかかわりが変化し、自分がその中で新たに生まれ続けること、このプロセスそのものが〈学び〉なのです。

「パーラー公民館」は、〈学び〉の「場」であり、プロセスである、融通無碍《ゆうずうむげ》な、空気のようなふわっとしたかかわりの空間です。

那覇市の繁華街、観光地としても有名な国際通りの近くに、若狭公民館はあります。那覇市教育委員会が管轄する公共施設ですが、館の運営はＮＰＯ法人地域サポートわかさという民間団体に委託されています。

若狭公民館のエリアはとても広く、特に繁華街・歓楽街を抱えているために、人の出入りが激しく、昼夜の人口構成がいびつで、町内会や自治会という地縁組織への加入率が約13パーセントと極《きわ》めて低い地区でもあります。一般的には、人々の地域への愛着は薄く、相互扶助関係も弱く、人々がバラバラに存在しているというイメージで語られるような地区です。

しかも、地場産業とのかかわりで、シングルマザーが多く、また貧困率も高く、さらに外国人の比率も高い地区でもあって、地域全体にまとまりがないだけでなく、人々特に子どもが孤立しがちな場所でもあります。

若狭公民館の運営を任されているＮＰＯ法人地域サポートわかさは、一風変わった団体です。現代アートにかかわってきた館長が率い、多くのアーティストが協力し、さらに最近では日本各地からの移住者なども加入しつつあって、公民館の運営をアート的な感覚で行ってきているのです。

特に前述のような地区の状況の中でさまざまに生まれる地域課題に対して、アーティストのネットワークを通して、楽しく、魅力的な事業を考案しては、人々を巻きこんでいく手法にとても長《た》けているのです。

たとえば、子どもたちが孤立しがちであること、しかも風俗産業にかかわっているシングルマザーの子どもたちの生活が乱れがちであり、学力も低く、学習支援をしても、子どもたち本人が長続きしない現実に直面して、若狭公民館がプロの楽団と協力して取り組みはじめた事業に「ジュニアジャズオーケストラおきなわ」があります。楽器をそろえて、子どもたちに貸し出し、子どもたちがミュージシャンの手ほどきで、ジャズを学び、ジャズグループを結成して、おとなたちと競演するのです。

ジュニアジャズオーケストラの立ち上げ

このジュニアジャズオーケストラの立ち上げには、次のようないきさつがありました。若狭公民館が地域とのかかわりを模索していたとき、後にパーラー公民館の立ち上げにかかわるあけぼの公園がある地区の小学校から、吹奏楽団を立ち上げたいとの要望が出され、当時、若狭公民館に勤めていた音楽専攻の職員が小学校に派遣されて、吹奏楽部を指導していました。

ただ、この職員は小学生を指導するのははじめてだったので、別の地区でクラシックのジュニアオーケストラを指導していた一般社団法人琉球フィルハーモニックに音楽指導や子どもとの接し方などの助言を求めたのです。

その後、この琉球フィルハーモニックが、子どもたちの文化的貧困へのアプローチの一環で、多様な子どもたちに対して、音楽を通じた居場所づくりを行いたいと考え、若狭公民館に協力を求めたのです。

このジュニアジャズオーケストラは、無償、楽器も貸与で、自分で準備する必要もなく、またジュニアオーケストラですが、一般によくあるクラシックではなく、ジャズとして、特色化されて実現したものです。対象は小学生ですが、そのＯＢ、特に中高生たちがフェローとして講師と子どもたちをつないでいます。

ジャズに触れ、目覚め、おとなたちが真正面から向きあってくれることを覚えた子どもたちは、めきめき上達し、それがまたおとなたちからのリスペクトを勝ちとることで、自信につながり、生まれてはじめて自分にもできることがあるということを実感し、かつおとなへの信頼を芽生えさせていきます。

そして今度は、子どもたちが、それを足掛かりに、自分で自分の生活を変え、新たな生活をつくろうと自ら動きはじめるのです。

こうなれば、学習へも熱が入ることになります。こうして、一見、学習支援とはまったく異なる迂回路《うかいろ》を通ることで、子どもたちは自分へのプライドをつくり出し、それがおとなへの信頼感として表れ、そのおとなとのかかわりの中に自分の居場所を見つけ出して、現実の境遇を自分の力で変えようと動き出すのです。

不登校の子どもが、ジュニアジャズオーケストラに通い続けて、発表会などで自信をつけることで、学校にも通えるようになったという事例もあります。

このアートへの鋭い感覚は、彼ら「地域サポートわかさ」独特のものでしょう。彼ら自身が現代アートに携わるアーティストであり、現代アートとは既成の秩序や常識を揺さぶるものであることを考えれば、子どもの学力問題を、いわば真正面から勉強しましょうといって突破することは、おかしなことなのかもしれません。

学力の低さは学力単体であるのではなくて、その子どもを取り巻くさまざまな環境の要因が重なって、子どもたちが自分が生きるということに対して意欲を失っていることの表れだととらえれば、学力をつけるためには、学力を見ていては間違いだということになります。若狭公民館は、こういう活動がごく普通になされるような、一風変わった公民館なのです。

ちょっとお洒落な防災訓練

若狭公民館の活動は、いつもちょっと他とはちがっていて、ちょっとお洒落です。たとえば、防災事業が課題化されます。すると、普通はみんな集まって、整列して、点呼して、防火訓練をしたり、非常食を配ったり、また緊急時の連絡網を確認したりする、という訓練を想定しがちです。でも、若狭公民館ではそうは考えないのです。

そんなに堅苦しいことをやっても人は集まらないし、集まらないと防災訓練にならない。防災の原点は何かといえば、非常時にあるのではなくて、平時にどれだけおたがいのことを知りあって、いざとなったらどれくらい相手のことを想像して、助けあうことができるのか、ということだ、と考えるのです。その一例が、「リッカ！ヤールーキャラバン！」と呼ばれる防災事業です。このリッカ！ヤールーキャラバン！は、阪神・淡路大震災10周年を機に神戸で誕生した「イザ！カエルキャラバン！」の沖縄版としてつくられたものです。

イザ！カエルキャラバン！は、現在、全国、世界へとひろがっているプログラムで、ＮＰＯ法人プラス・アーツが開発したものです。

リッカ！ヤールーキャラバン！のチラシ

このイザ！カエルキャラバン！では、機材その他は行う地域でローカライズされる場合もあることから、沖縄版の開発を若狭公民館が打診したところ、ＮＰＯ法人プラス・アーツが面白がって、協力してくれて、リッカ！ヤールーキャラバン！がつくられたという経緯があります。

このことは、リッカ！ヤールーキャラバン！という命名にも表れています。リッカ！とは沖縄弁で、行動を促す言葉で、「さあ！」とか「やろう！」「早く！」というときに使われるようです。「イザ！」のニュアンスがたっぷりあります。ヤールーとは、チラシに描かれているようにヤモリのことです。カエルキャラバン！がヤモリキャラバンつまりヤールーキャラバン！になったのです。

さらにこのリッカ！ヤールーキャラバン！は、このようなキャラクターとともに周知され、要らなくなったおもちゃのかえっこバザールでの「とりかえっこ」によって「かえっこバンク」からポイントをもらうと、そのポイントで防災グッズ体験や消火競争などの競技に参加することができ、さらにそこで防災事業の手伝いをするとポイントがもらえて、そのポイントを使って人気のあるおもちゃのオークションにも参加できるというイベントとして企画されたりするのです。

もちろん、おもちゃを持っていかなくても大丈夫です。子どもたちはポイントほしさに防災事業のお手伝いをし、それがきっかけとなって、防災意識を高めることにもつながっています。防災訓練が、楽しそうに見えてきませんか？

関連した取り組みに、「なは防災キャンプ」があります。みんなでテントを持ち寄って、学校の校庭などでキャンプファイアをやるのです。テントの設営そのものが、避難所の設営にかかわりますし、キャンプファイアの企画運営が避難所での炊き出しに役立ちます。

そして何よりも、日頃、仕事に出ていて家にいない父親同士が、キャンプで出会うことで、子どもを介してたがいに知りあいとなり、いざとなったときに助けあえる関係がつくられるのですし、それが家族ぐるみの関係になれば、平時には地域での交流に、緊急時には声をかけあっての避難から、避難所での共同生活にも役立ちます。

この「なは防災キャンプ」は、大学コンソーシアム沖縄が、那覇市で防災の取り組みを模索しているときに、リッカ！ヤールーキャラバン！のことを知り、若狭公民館と連携して何かできないかと相談があったことをきっかけに始まりました。

こうやって、防災訓練っぽくないのに、人々が日常的に結びついて、緊急時に本当の防災になる訓練が毎年行われていくのです。

多文化共生への扉をひらく

若狭公民館の地区は、既述のように外国人比率の高いところです。そして、外国人住民たちは、それぞれのコミュニティで生活をしてはいても、なかなか日本人との交流の機会もなく、たとえば災害時などの連絡が行き届かず、孤立する危険もあります。

こんなことを背景として、若狭公民館では、沖縄ネパール友好協会とともに当初、ネパール・ニューイヤー・パーティを開催し、２０２３年度からそれを改めて、ネパール・ニューイヤー・セレブレーションとし、ネパールのビクラム暦の新年（４月）をネパールの人たちも日本人も同じく地域の住民としてお祝いする行事を開催しています。

　これは単なるイベントではなく、企画から準備そして実施まで、すべて実行委員会形式で進められ、日本人とネパール人がともに協力してつくり上げる過程が大切にされた取り組み

ネパール・ニューイヤー・セレブレーションのチラシ

ネパール・ニューイヤー・セレブレーションの一コマ（若狭公民館ブログ「公民館つれづれ日記」報告）

です。

この過程で、相互理解が進み、日常的な結びつきが深まり、そのことによって、自分は孤立していないし、この社会のために何かができるし、人からも信頼されているという自尊心のような肯定感を生み出すこととなります。それがまた、何かのときに咄嗟《とっさ》に、助けて！いいよ！といいあえる関係をつくり出し、日常生活に安心感をもたらします。ネパール・ニューイヤー・セレブレーションのチラシや当日の様子は、写真に掲げる通りです。

このような関係ができることで、ネパール人社会にも日本人社会に貢献したいという思いが芽生え、たとえば彼らが定期的に献血に行くなどの行動が生まれてきています。自分が社会から尊重されていると思え、自分が社会に位置づいていると思えることで、自尊心が生まれ、それが他者を尊重し、他者のために何か貢献したいという思いを生み出していることがよくわかります。

日常的な交流が、こういう一人ひとりの自尊心・プライドを生み出し、それが利他性・互恵性へとひろがっているのです。

多文化交流・多文化共生とは、日常的なかかわりの継続であること、そしてそういうかかわりができることで、人は自分のプライドをつくり、回復し、それが他者への想像力としてひろがって、他者のために何かしないではいられない自分を生み出していく、そういう豊かな相互性に満たされたものだということがよくわかります。

ユーチュー部、ダンボール部……

そしてさらに、若狭公民館では、交流を続け、親交を深めてきたネパール人をはじめとする外国人たちが、そして日本人の住民たちまでもが孤立を避けられない状況に陥《おちい》ったコロナ禍で、新たなつながりの方法を模索します。その一つの形が、「ユーチュー部」と呼ばれる部活動です。

これは、スマホの録画機能を使って自分たちの日常を切り取り、それを編集してユーチューブで配信、共有する取り組みです。このようにいってしまえば、単なる動画編集と配信ではないかと思われるかもしれません。しかし、この取り組みにも、動画の企画から台本作成、絵コンテ作成、編集など、さまざまなプロセスを学びつつ、仲間同士が集まって、撮影から編集そして配信までをも行うプロセスが組みこまれています。

このプロセスが、おたがいが協力すること、信頼すること、そして真剣に向きあって議論することを通して、相互の深い関係性を生み出していて、そしてそれが、完成後の配信と相互の鑑賞と批評へとつながって、次の作品づくりへと結びついていくのです。

ユーチュー部における撮影の様子は、写真の通りです。

ユーチュー部は、若狭公民館の「クリエイティブな部活動」の一つです。

この部活動には他に、ダンボールを集めて、三層からなっているダンボールを解体して、印刷のある面をうまくアレンジして、アートな文房具に再生する「ダンボール部」の活動や、コロナ禍で孤立しがちな人々を「郵便」というレトロな手法で結びつける「ポストポスト部」の活動などがあります。

ユーチュー部の撮影の様子（若狭公民館ブログ「公民館つれづれ日記」より）

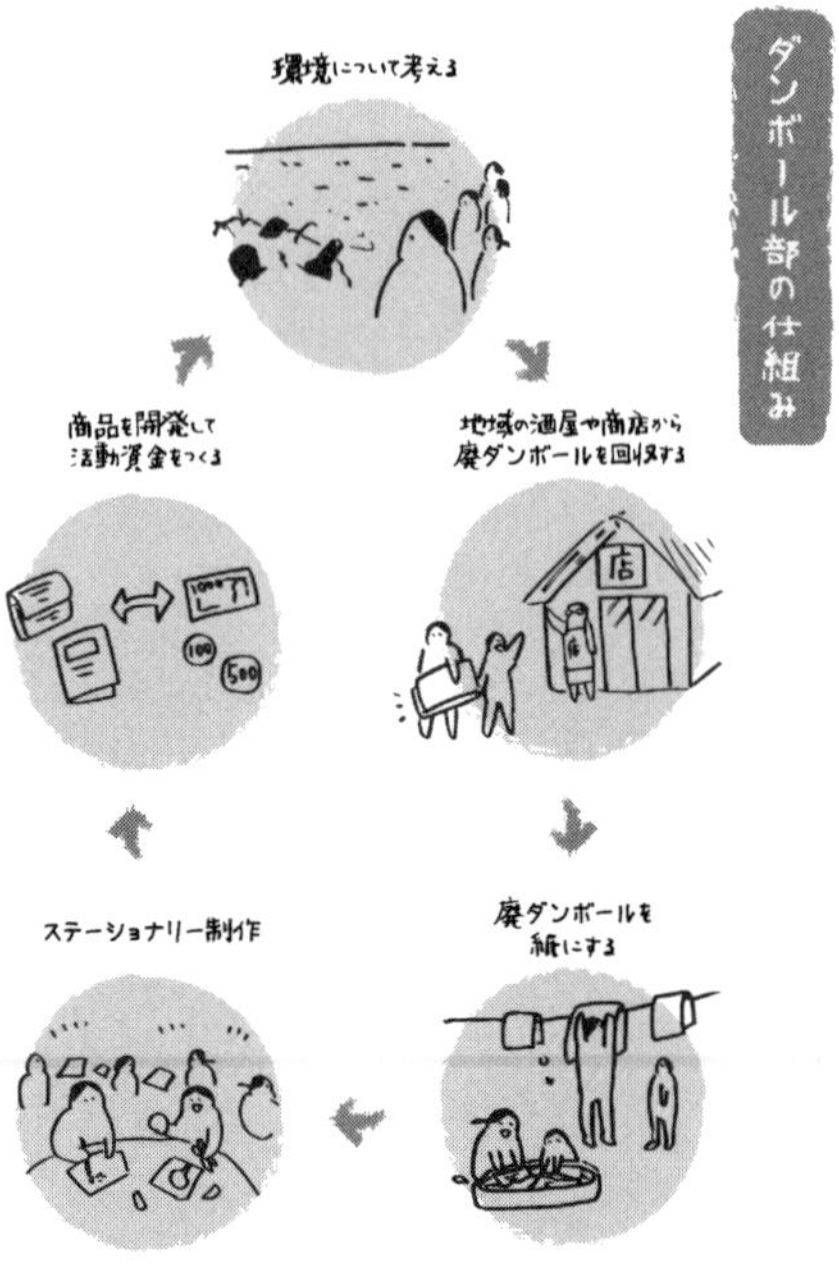

ダンボール部の仕組み（NPO法人地域サポートわかさ『ワークブック「アート×社会教育」』より）

ダンボール部の活動は、ダンボールのリサイクルを通して環境問題を考え、さらにそれを一部収益化して、事業の持続可能性を高める取り組みです。

またポストポスト部は、コロナ禍で孤立しがちな高齢者などの住民が、公民館に設置された大型のポスト「Pちゃん」に手紙を投函すると、部員がその手紙に返事を書いて、公民館の掲示板に貼り出したり、手紙に添えられていた大正時代の那覇市の写真をもとにその現地を訪問して、現在の写真を撮って、掲示板に貼り出したりして、それを住民が三々五々見にやってくるというとてもシンプルな取り組みです。三密を避け、それでも自分は誰かとつながっているのだという感覚を持つことができる取り組みなのです。

そして実際、関東出身で琉球大学に医学生として学んでいた学生が手紙を投函して、返事をもらったことをきっかけにポストポスト部に入部し、部員としてしばらく活動にかかわっていました。

この部活動に可能性を感じたこの学生は、その後、研修医となり、勤めている病院で「はたけ部」という部活を立ち上げて、人々とのかかわりを紡《つむ》ぐ活動を進めていったそうです。

独自のプログラムのつくり方

このほかにも、若狭公民館が取り組んでいる事業には、海岸沿いの公園で映画鑑賞会を行う「うみそら上映会」やこども国際映画祭in沖縄とのジョイントプログラム、貧困家庭の子ども向けの英会話教室など、どれもが課題の当事者に寄り添いつつ、その課題を真正面から直球で解決しようとするのではなく、課題が問題となる背景を丁寧に解きほぐして、いわばアートによって迂回路をつくるかのようにして、取り組む事業がたくさんあります。

当事者自身が楽しみながら、活動を進めることで、たがいに認めあい、尊重しあう関係ができ、それが結果的に当事者の自尊心や自己肯定感・自己有用感を高めて、気づいてみたら、課題が解決していたり、解決のハードルが下がっていたりする、こういうプログラムのつくり方がなされているのです。

そこでは、アートが一つのキーワードとなります。そしてそのアートとは、芸術とか美術とかという言葉から私たちが連想するような人々が近づきがたい高尚なものではなく、むしろ日常の生活技法の論理で、私たちの持っている社会の合理性や先入観・思いこみを揺るがし、日常生活に新しい価値をもたらすことで、誰もが主役になれるような変化のプロセスを意味しています。

それは、既述のように私のいう意味での〈学び〉と重なりあうものです。

そしてそのアートには、常に色彩と視覚的イメージとさらに音が絡まりあって、人々を結びつける力があります。一人ひとりが彩り豊かで交響的な社会の中で変化し続ける一つの色であり、音であり、それらが他者と奏で、生み出す一枚の絵であるかのようにして、自らを新たにし続けるプロセスとして、生まれ続けるもの、到来し続けるものとしてあるのです。これこそが若狭公民館の事業の特色でしょう。

パーラー公民館も、このようなアートによる人々への寄り添いを通して、人々の既成概念とそれらがもたらす空間の在り方を解体して、それらを新たなかかわりの在り方へと組み換える営みとして進められたのです。

発想の種になったのは
マジックのような仕掛け

いよいよ「パーラー公民館」の紹介です。パーラー公民館は、白い大きなビーチパラソルのようなちょっと大ぶりのパラソルと、それを支えるテーブルというとてもシンプルな道具立てでつくることができてしまう、とても簡単な「公民館」です。

パーラー公民館が花開くところ、そこがそのまま公民館となってしまうマジックのような仕掛けなのです。でも、そのマジックには、いわゆる奇術と呼ばれるマジックがさまざまな創意工夫の塊であるように、さまざまな工夫が施《ほどこ》されています。

その工夫が人々を面白がらせ、その場を公民館という公共空間へと仕立て上げていくのです。

＊

「パーラー公民館」が置かれたのは、那覇市の曙《あけぼの》地区にあるあけぼの公園です。若狭公民館のエリアにある曙地区には、公民館がありません。でも、若狭公民館に通うには遠すぎます。片道３キロメートル以上もあるのです。

これでは、高齢者や子どもたちは気軽に、毎日、若狭公民館に通って、あの楽しそうな、アートに満ちたプログラムに参加することはできません。住民たちは、曙地区にも公民館があったらと、切望していました。

那覇市の元小学校教師であり、退職後は社会教育主事として、若狭公民館にかかわったこともあった、当時の曙小学校区のまちづくり協議会会長・Uさんもその一人でした。Uさんはまた、元旦を除く364日、毎朝欠かさずラジオ体操を行う曙願寿会《あけぼのがんじゅうかい》会長でもあります。

Uさんはいいます。「曙地区にも、公民館が欲しかったね。若狭公民館ではちょっと遠すぎたからね。年寄りや子どもの足では、そうそう毎日通われん。でも、那覇市の行政に話したところで、そんなに簡単につくってもらえない。どうしたものか、と。みんな、考えていたんです。そのとき、ハッとひらめいたね。戦前のむらやーみたいな簡素なものでいいから、そういう場所のようなものがあったらいいんじゃないか、って。むらやーっていうのは、戦前の沖縄の字《あざ》ごとにあったあばらやみたいな場所ね。集会施設っていうのかな。そういうボロでもいいから、みんなが集まれる場所があったらいいね、ってね。それで、若狭公民館の館長のMさんに相談したんです。そうしたら、やってみようってなって、それがパーラー公民館になったんです」

ヒントは「青空」

しかし半面で、「公民館が欲しい」とUさんらから相談を受けた館長のMさんには、戸惑いがあったといいます。なぜなら、以前から曙地区は若狭公民館から遠く、出張講座などの希望があれば出張しますから、と話しかけていても、反応はいまひとつだったからです。

では、集会施設など人が集まる場所が欲しいのか、と問い返せば、地元には小学校の集会室などが十分に機能していて、特に人が集まる集会施設が求められているとは思えなかったのです。

それでは、「公民館が欲しい」とはどういうことなのか、ここからMさんの思索が始まります。「公民館が欲しい」というUさんたち住民がいう意味での公民館のポジティブなイメージとは何なのか、ということです。

そこでMさんが思いついたのがいわゆる「私設公民館」です。そこにはまた、Mさんの経験から得られた知見が反映しています。

Mさんは若狭公民館の館長を担う前、あるビルの活性化としてアートセンターの設置と運営にかかわっていました。そのビルでさまざまなアートイベントを開き、人が集まって、活況を呈しはじめたその頃に、ビルの解体が決定し、それまで培ってきたアートの取り組みが水泡に帰してしまったのです。

このとき、Mさんは施設というハコモノの可能性と限界を痛感したといいます。しかし半面で、ひとりのオーナーがその気になれば、ビルをそのままアートセンターにすることもできるし、それを地域コミュニティに展開することで、極めて公共性の高い場へとつくり出すことができるという、いわゆる「私設」の柔軟性にもMさんは気づいていました。

それはまた、公共施設としての公民館が、法的に規定され、行政が管理することでさまざまな制約を抱えてしまい、本来の意味での公共性を失いつつあることへの疑問を背景としたものでもありました。

公共といいつつ、多様な個を排除して、いわば平均的な市民しか使うことができない公民館が、本当の意味での公共施設であるとはいえないのではないか、みんなのためといいつつ、特定の個人を排除したり、使用を制限したりすることが公共なのか、多様な多彩な個が重なりあうことで生まれる公共という場があってもよいのではないか、そうMさんは感じていたのです。

では、新しい公民館を考えるにはどうしたらよいのか。そこでヒントとなったのが、公共施設ではない、ということでした。私設で、施設でなければ、青空だ、ということ。そして、戦後公民館構想が出されたその初期の頃には、そしてその前から教育を大切にしていた民衆が、敗戦の廃墟の中から立ち上がろうとしたときに取り組んだのが、青空学級・青空学校であったこと。こうしたことが自然に結びついて、青空公民館のイメージがひろがっていったのです。

白い大きなパラソルと黒板

公民館とは、みんながざわざわといて、それぞれ対等な関係の中で、それぞれが楽しいことをおたがいのかかわりの中で、自主的に行うことで、そのかかわりをより一層強いものとする、つまり「つどう」「まなぶ」「むすぶ」がひとつながりになったものです。

では、それをどう表現するのか。

考えに窮したMさんは、知人の美術家Oさんに応援を依頼します。Oさんは「対話の場」をつくり出す達人なのです。そして、Oさんが示したのが白い大きなパラソルと黒板テーブルを組みあわせただけの、シンプルな空間を、まちの片隅にそっと置く、というイメージでした。

このテーブルの周りには、椅子が無造作に並べられ、またこのテーブルがちゃぶ台になれば、ブルーシートが敷かれたり、座布団がそれを取り囲んでいたりすればそれでいい、ただそれだけの空間なのです。

白い大きなパラソルと黒板テーブル（NPO法人地域サポートわかさ「パーラー公民館の３年間」より）

後は何もしない。ただ、白い大きなパラソルがあり、黒板テーブルがあって、そこを「公民館」だと言い張るようにして置いておけば、そこに人が三々五々集まっては、世間話に花が咲き、そうすれば誰彼となくお茶やお菓子を持ってきて、勧めあい、お茶をすすり、お菓子や果物を食べながら、また話に花が咲く。

そこへ、子どもたちも「何やってるの？」と好奇心いっぱいにやってきて、思い思いに黒板テーブルに落書きをし、友だちと話をし、テーブルの周りを駆け回り、こういう活動がどんどんまちの中へと浸《しん》潤《じゅん》して、気がつくと空間がこの「公民館」と一体化していて、それが置かれた場所全体が公民館になっている。

こういうイメージとしての空間なのです。

ここではすでに、白い大きなパラソルと黒板テーブルがつくり出す空間が、それが置かれた公園や街角の空間へと流れ出し、人々がごく自然な形で、それぞれの場所で緩《ゆる》やかにつながりあっていくのです。

Mさんはいいます。

「『パーラー公民館』は若狭公民館のアウトリーチ活動としてとらえられることもありますが、私としては出前ではなく、そしてハコモノでもなく、ポップアップな公民館をイメージしました。『移動式屋台型公民館』と謳《うた》ってはいますが、あくまでもその場から立ち上がる（場との関係性を大事にした）公民館機能を引き出す最小限の装置として『パーラー公民館』を構想したのです」

名づけて「パーラー公民館」

この白い大きなパラソルと黒板テーブルのつくり出す空間は「パーラー公民館」と名づけられました。ちょっとお洒落な感じがします。

パーラーとはもともと米軍が持ちこんだ言葉で、たとえば資生堂パーラーというときのパーラー、つまり喫茶店や軽食を出す飲食店という意味だったのですが、それが現地化する過程で、どうも屋台というイメージを取りこんで、いまではパーラーというと移動式の屋台という意味で用いられるのだそうです。それで、この「公民館」も「パーラー公民館」なのです。

でも、改めて「パーラー公民館」といわれると、何だか屋台ではなくて、この白い大きなパラソルと黒板テーブルのちょっとした居場所的な空間が、パーラーと呼ぶに似つかわしい感じがしてくるから不思議です。

パーラー公民館は、２０１７年に公民館の可能性を拡張する実験的取り組みとして3年間の時限で始められました。それはまた、繰り返しになりますが、若狭公民館館長のMさんの経験から得られた感覚とでも呼ぶべき知見、つまり施設はなくても公民館をつくることは可能だし、そうであるべきだ、という思いを実証することでもありました。

それは、「つどう」「まなぶ」「むすぶ」という公民館の機能を、まちの片隅を公共空間へと組み換える装置を置くことで、社会に拡張し、まちそのものを公民館へと組み換えようとする試みでもあったのです。

そこはまた、誰も、何もしなくても、そこにいてもいい場所、誰もが自由にやってきては、誰もがちょこんとその場所を占めていて、誰もが思い思いに過ごせる場所です。

それは、そのためには、まただからこそ、そこでは人がたがいに慮《おもんばか》り、誰か他の人を尊

パーラー公民館が置かれた公園（NPO法人地域サポートわかさ「パーラー公民館の３年間」より）

重し、認めあい、そうであるようにして在らしめられることを受けとめあって、気づかいあう、そういう風通しのよい関係づくりの場としての公民館でもあるのです。

こうして、このパーラー公民館という装置が置かれることで、まちが人々の風通しのよい関係を生み出す公共空間へと姿を変える。こんなことが、夢想されていたのです。

そして、確かに、パーラー公民館が置かれるだけで、いつもの公園が、まったく異なる空間に見えるのです。パーラー公民館があるだけで、あけぼの公園がいつもとはちがうたたずまいを見せているのです。

スタッフは何もしない

パーラー公民館のスタッフは、若狭公民館の非常勤の専属スタッフとして雇用されていたのですが、実は、何もしないことが原則なのです。ただ、パーラー公民館を公園などまちの片隅に持っていって、そこで白い大きなパラソルと黒板テーブルを組み立てて、そっとパーラー公民館を置いておくだけなのです。

そんなことなら、いなくてもいいんじゃないか、と思われるでしょうか。でも、何もしないことと、そこにいないこととでは、大きなちがいがあります。スタッフは何もしないけれど、そこにいるのです。それはいいかえれば、何もしないようにして、いる、のです。どういうことなのでしょうか。

それはつまり、集まってくる人々に対してあれこれサービスを提供したりしない、もっといえば、人々をお客様扱いしない、ということなのです。

これは行政の在り方とも深くかかわっています。いま、多くの自治体で、住民は税金を納めている主権者である、つまりご主人様であり、行政職員はそのご主人様に税金で雇われているサーバントなのだから、行政は住民サービスをすべきだとされています。

しかし、行政がサービスを提供すればするほど、住民がわがままになり、満足するどころかクレーマーと化していくという事例は枚挙にいとまがありません。

なぜ、行政が一生懸命サービスを提供しているのに、住民はそれをありがたがるのではなくて、わがままになり、クレーマーと化してしまうのでしょうか。このことを考えるのに、参考となる知見があります。

私の知人で、全国の農山村を歩いて、過疎化や集落機能の低下について研究を進めている明治大学教授の小田切徳美《おだぎりとくみ》さんの言葉です。小田切さんは、概《おおむ》ね、次のように述べています。

全国各地で、過疎化・高齢化の波の中で、農山村の集落が苦境に置かれている。その背後には、三つの空洞化がある。一つは人の空洞化。つまり、過疎化・高齢化に見舞われて、人が減っていって、後継者も不足している。二つめは、土地の空洞化。そうすると、農地も耕作を続けられなくなって、耕作放棄地が増えていく。そして三つめが集落機能の空洞化。人がいなくなり、土地も耕されなくなっていくにつれて、人々が集落を維持しようとするいわば自治的なかかわりが減っていってしまい、自分たちでなんとかしようとする動きが止まってしまうのです。

小田切さんは、このように過疎化・高齢化に見舞われる農山村の集落を描きながらも、それでも、集落はそんなに簡単には消えてなくならない、しぶとく生き残ろうとしているといいます。

では、何が起こると消えてなくなってしまうのでしょうか。小田切さんはいいます。誇りの空洞化が起こったときだ、と。誇りの空洞化とは、一体何なのでしょうか。つまり、人がいなくなり、耕作放棄地が増えて、農地が荒れ、自治的なかかわりも減ってしまって、集落の相互扶助関係が壊れていく中で、それをそのままにしておくことで、人々が自分の生活を維持することを放棄してしまう、いいかえれば「もういいや」と諦《あきら》めてしまうことをいいます。それは、自分がこの土地で地に足をつけて生活しているという誇り・プライドを失ってしまうことと同じです。（以上、小田切徳美『農山村は消滅しない』岩波新書）

また、このことは、こういう経験とも重なっています。知人の医師が勤める大学病院で、患者による医師や看護師への暴言・暴力が頻発して、最後は警察へ通報せざるを得なくなったというのです。

なぜそんなことが起こるのかと、原因を探っていったら、どうも患者を「患者様」と呼び、名前ではなくて、番号で呼びはじめてから、暴言・暴力が急増していることがわかった、というのです。それは、医療はサービスだといわれ、患者はサービスの大切なお客様なのだから「様」づけで呼び、そして個人情報保護のために氏名を呼ばないようにという「指導」がなされはじめたころからだということなのです。

それで、試みに「患者様」を「患者さん」に戻し、「○○さん、今日はどうされましたか？」と呼びかけ、「頑張って、一緒に治しましょうね」と寄り添い型の声がけに変えてみたというのです。するとそれまでイライラしているかのように見えた患者の態度が見違えるように落ち着いてきて、暴言・暴力が減っていった、というのです。

「言葉がけ一つで、何だか不思議だよねえ」というのはこの知人の言葉です。

つながりの糸口

誇りの空洞化とお客様扱い、この二つはまったく異なることのように見えます。しかし、根っこのところでつながっているのです。もう、おわかりではないでしょうか。誇りの空洞化は、もうどうでもいいや、と諦めてしまうこと。プライドを傷つけられて、自尊心を失ってしまうことです。

お客様扱いは自分をとても大切にしてくれているかのように見えて、その実、お客様として距離を置かれていることになります。サービスを提供しているのだから、そのサービスの範囲であなたは顧客として選べばいい、後は任せておけばいい、そういう扱いを受けているということ、いいかえれば、じっくりと話を聞いてくれて、つらさを理解してくれ、その上で、一緒に治しましょうと、患者の存在そのものを尊重されている感じにならない、依存させられてしまっているという感覚になってしまうのです。

ですから、患者にできるのは、文句をいうことだけ、となってしまいます。体調が悪くて、自分ではどうしようもなくて、医者に通ってくるのに、そこでお客様扱いされて、医師に依存していればよいと突き放される、どうしていいかわからないのに、さらに自分ではどうしようもない感じになる、自分が尊重されていない感じになる。それが、一人ひとりのプライドを傷つけるのです。

このことは、どちらも自分が人とつながっていて、そのつながりの中で、自分のことをしっかりと受けとめてもらえ、そこに自分の居場所があり、さらに出番があって、それがまた人の役に立っているし、自分がしっかりとこの社会の中で生きているという実感、つまり自尊心や自己肯定感・自己効力感を感じることができているという感覚を持つことができる、そういう人として他者とともにこの社会に生きているという自分への思いを持つこと、そういうことを否定してしまっているのだということを示しています。

この自尊心や自己肯定感・自己効力感につながるプライドを持つことにとって、最も大切なことは、きちんと自分を受けとめてもらえること、話をじっくりと聞いてもらえる、という相互の関係性、つまりつながりです。

スタッフは何もしないけれど、つまりスタッフはサービスを提供して、集まってきた住民に何かをするわけではないけれど、ちゃんとその場所にいて、住民の話をしっかりと聞き続けるのです。そうすると、人はおのずと自分からその場のために、その場に集まってきた他の人のために何かをしようとしはじめます。これが、自治のもっともちいさな実践となるのです。

パーラー公民館は、こういう人々のかかわりをつながりへと人々自身が紡いでいくための糸口をつくっているのです。

変幻自在な空間があらわれる

ただいるだけでいい場所

パーラー公民館が置かれると、その一角がそれまでとはまったく異なる空間になります。あらゆることが目的を持ち、機能を持ち、役割を持っているこのまちの空間の中に、目的も、機能も、役割も持たない、何だかそこにあるだけという空間が、ぽっかりと口を開けたかのようにして、そこにあるのです。

そのぽっかりと開けた口に吸い寄せられるかのようにして人が集まると、そこはまた何もしないでも、いるだけでいい場所、だからこそ誰かと何かをしたくなってしまう場所、そういうつながりを紡いでいく場所として、どんどん新しい形を生み出していくことになります。人は、目的が決められ、機能が決められ、役割が決められた空間の中に住み続けていると、疲れてしまうのではないでしょうか。

ただ、パーラー公民館という装置を設営して、後は何もしないスタッフがそこにちょこんと座っているだけで、人はそこが気になって、つまり何をやっているのか、何をするのか、目的や機能や役割が気になって、ちょっと来てみる、声をかけてみる、そういうことをしはじめます。

　でもすぐに、そこはそんなこととはかかわりのない、ただいるだけでいい場所だということがわかり、じゃあ自分も、と腰をかけたり、座ったりして、何気ない周りの風景に目をやりはじめます。

　そのうち、一言、二言、言葉を交わす中で、暑いねえ、子どもたちは元気だねえと会話が

パーラー公民館の一場面（宮城潤氏提供）

生まれ、お茶でも飲むかね、とお茶やお菓子を買ってきたり、持ってきたりと、少しずつ相手を気にかけ、対話の関係が続いていきます。それが気がつけば、日頃出会うことのない人たちが集っては、相手を気づかい、気づかうことのかかわりから話に花が咲き、子どもたちが乱入しては、お菓子をねだり、黒板テーブルに落書きをし、さらにおもちゃを持って来たりして、遊びが始まります。

何もしないで、ただいるだけでいい場所だからこそ、人はそこにいる人たちと何かをやってしまわざるを得ない。誰がいてもよくて、誰が何をするというわけでもなければ、何か目的や機能が決まっているわけでもない。だからこそ、人はたがいを慮りながら、何かをやってしまう。そして子どもから高齢者まで、老若男女世代を超えて、仲のよい関係性が生まれている。そういう空間としてパーラー公民館が動きはじめるのです。

すると、そういう空間が、パーラー公民館から周囲の空間へと染《し》み出して、その一角がそれまでとは異なる空間として、何をするというわけでもなければ、誰でなければいけないというわけでもなくて、素《す》のままの自分がそのままいてもよい、誰のものでもないのに、みんなのものであり、みんなのものであるからこそ自分のものでもある空間、つまり公共空間として生まれ変わっていくのです。

それはまたマージナルでボーダーレスな空間でもあります。掲載した写真に、そのことがよく表れているのではないでしょうか。

刺激を与える「非日常」

何もしない、ただの集まり、このことがつくり出す公共空間、これがパーラー公民館の「日常」だとすると、それに刺激を与えるかのようにして企画され、実施されてきたのが、パーラー公民館を設計したアーティストらによるアートワークショップです。

パーラー公民館を拠点に、周囲の空間を舞台として、アートワークショップが開かれ、作品ができあがっていくことで、人々のかかわりやつながりが豊かになり、それがさらにパーラー公民館を彩りのあるさまざまなつながりが重なりあう空間へと変化させていくことになります。

このアートワークショップでは、「さかさまＢＯＸ」をつくって、周りの風景を逆さまにして楽しんだり、動画のワークショップ（ご近所映画クラブ）を行ったりするなど、さまざまな取り組みが催されました。

ご近所映画クラブは、アートＮＰＯのｒｅｍｏ（ＮＰＯ法人 記録と表現とメディアのための組織）のワークショッププログラムを提供してもらってつくられたものです。

さらに、「うみそら上映会」なども開かれています。この上映会は、若狭地区出身の若者

フルムーン映写会（NPO法人地域サポートわかさ「パーラー公民館の３年間」より）

が、自分が子どもの頃に公園で行われていた野外上映会のような、わくわくするイベントをいまの子どもたちも体験してほしいと要望し、それを受けて始められたものです。

曙地区では、「うみそら上映会」のような野外上映会をパーラー公民館で行いたいとの希望があり、ご近所映画クラブで作成したショートムービーを小学校の体育館で上映したりもしています。

また、公園を発見し直す「公園採集図鑑をつくろう！」は、公園のあちこちから気になるもの、面白そうなものをいろいろ採集して、それをケースに入れて、図鑑をつくる企画です。日頃気づくことのなかった公園の魅力が、公園を「採集」することでとらえられ、公園を発見し直すとともに、自分の興味も発見し直すことに

2章　絵解き！パーラー公民館

WORKSHOP
E
地域のうたをつくろう！

みんなで考えた
歌詞とメロディー

作曲家の鶴見幸代（つるみ・さちよ）さんによる、歌をつくるワークショップ。まず、曙のイメージを言葉にして歌詞をつくります。そして、黒板テーブルに書かれた五線譜に小石や葉っぱを置いてリズムをつけるとメロディーになりました。子どもから大人まで参加し、完成した「あけぼののうた」の最後の歌詞は「あけぼのの歴史つくらんといかん」でした。

31

地域のうたをつくろう！ワークショップ（NPO法人地域サポートわかさ「パーラー公民館の３年間」より）

つながっています。

また、「地域のうたをつくろう！」は、自分たちが暮らす曙地区のイメージを、みんなで語りあって、歌詞をつくります。その後、パーラー公民館の黒板テーブルの上にチョークで五線譜を書いて、公園で拾った小石や落ち葉、木の実をその上に置いて、メロディーをつくるワークショップです。

こうした「非日常」から「日常」が刺激を受けて、新たな「日常」が生まれてくるのです。

口コミ発信基地

また、パーラー公民館は、途中から、情報発信基地の役割を担いはじめます。パーラー公民館について、SNSなどで発信することはその当初からなされていましたし、若狭公民館の大切な役割として担われてきました。

しかし、この情報発信は、パーラー公民館自体が発信基地となり、情報の伝達は、パーラー公民館に集う人たちがいわばメディアとなって、口コミだけでなく、ある手段を使ってなされていくという仕組みを持ったものです。

ジン・キオスク、がそれです。ジンとは、たとえば雑誌をマガジン（magazine）といいますが、その後ろのほうのzineのことです。Magazineの語源は、アラビア語の「倉庫」を意味するmakhazinから来ています。それが転じて、いろんな話題が詰めこまれた書物という意味で、雑誌として使われるようになったようです。

Zineとは、Magazineを語源とするとされていて、１９５０年代のアメリカの若い詩人たちが自分の詩集をzineと読んで刊行したことに始まるといわれます。

その後、zineとは個人や少人数の組織が刊行する非営利のテーマ型の冊子を意味するよう

みんながつくったジン（NPO法人地域サポートわかさ「パーラー公民館の３年間」より）

ジン・キオスク（宮城潤氏提供）

になったようです。

ちょっと蘊蓄《うんちく》を垂れましたが、パーラー公民館にこのジンを置く場所をつくって、みんなでそのジンをひろげては、どこで何がなされているのか情報を交換しあい、口コミでひろげていこうとする試みが行われたのです。

このジンを置く場所をキオスクと呼ぼうというのです。ＪＲの駅の売店をキオスクといいますが、このキオスク（kiosk）はトルコ語で「あずまや」、まさにパーラー公民館のようなものですが、いまでは駅にある簡易な売店として国際的に通用しています。ですから、ジン・キオスクは、パーラー公民館に置かれているみんなが思い思いにつくったジンを置く場所として、つくられたものです。

ジンは、ここではパーラー公民館でみんなが思い思いに書いたちょっとした口コミ情報のような紙切れやそれを数枚綴《と》じこんだ冊子のことです。

このジンもアートワークショップでつくり方を学んだものです。これをワイヤに吊るしたり、洗濯ばさみに挟んだりして、閲覧できるようにしたのがジン・キオスクです。

前ページの上の写真がみんながつくったジン、下の写真の左のほうにある黒板が３枚ほど連ねられているものが、ジン・キオスクです。こうして、パーラー公民館が最強の情報伝達手段である口コミの発信基地となって、各地のさまざまな人々の日常生活レベルの動きが、みんなに共有され、人々を結びつけていくのです。

お出かけパーラー公民館

パーラー公民館が若狭公民館のお出かけ版であるのであれば、そこからさらにお出かけしてはいけない理由はありません。

ジン・キオスクは実は、箱形になっていて、それぞれが蝶番《ちょうつがい》で結ばれているので、パタパタと畳んで、キャスターに載せれば、どこにでも持ち運び可能です。しかも、パーラー公民館自体が、移動式屋台型なのですから、あけぼの公園に設置するだけではもったいない。ということで、悪乗りで、お出かけパーラー公民館がスピンアウトすることになります。

写真には、子どもたちが引っ張っているお出かけパーラー公民館や、若狭公民館スタッフがお出かけパーラー公民館に出かけるところが写っています。出かけた先々で、そこにパーラー公民館が花開き、ジン・キオスクが開店して、人々の集いを生み出し、情報を交換して、人々のつながりをつくり続けていくのです。

その場所その場所が、それぞれに開かれた公共空間として、ゆんたく（おしゃべり会）の場になり、ワークショップの場になり、ただぼーっと座っているだけの場になり、それでもちゃんと自分が位置づいていて、受け入れられていると実感できる場所になっていくのです。

パーラー公民館から染み出していく公共空間が、今度は植物が種子を飛ばすかのようにして、各地に飛んでいき、そこでまたじわっと染み出す公共空間を生んでいくのです。

どんどん新しくなっていく

こうなればもう、パーラー公民館は何でもありの空間です。気がついてみると、そこが移

お出かけパーラー公民館（上：NPO法人地域サポートわかさ「パーラー公民館の３年間」より　下：宮城潤氏提供）

動図書館になっていたり、子ども食堂になっていたり、ＰＴＡや町内会・まちづくり協議会の会合の場所になっていたり、さらには若者たちの就労サポートセンターの出張先になっていたりと、さまざまな使われ方をしていくのです。

しかもそのベースは、誰でも、何の目的もなしに、そこにいていい場所、そういう公共空間なのです。

ハロウィーンイベントとパーラー公民館（宮城潤氏提供）

何も、一つの使われ方に限定されることもないのです。子どもたちがものづくりのワークショップをやっている傍《かたわ》らで、移動図書館がやってきて、子どもたち向けの読み聞かせをやったりしています。どこからどこまでがパーラー公民館の空間で、どこからが外の公園なのか、まったくわかりません。

その最たるものが、パーラー公民館２周年のお祝いとハロウィーンイベントでしょう。写真からもわかるように、もうビーチパラソルと黒板テーブルは目印くらいの意味しかもっていません。

ハロウィーン当日とパーラー公民館の開館日とが重

なるから、何かやりたいという話になり、「ちょこっとハロウィーン」という企画がたてられました。

ただ、直前だったので、公園周辺の商店や家々に協力の依頼をして、こぢんまりとやろうとしていたのですが、「面白そう」「協力するよ」ということで、あっという間に話題がひろまり、当日は、地域にあるお菓子製造の会社までが協力してくれることとなり、さらに学校で校長先生が給食のときに全校児童に向けて校内放送で呼びかけたこともあって、どんどん人の輪がひろがっていってしまって、公園のほとんどが会場として使われているのです。

このイベントでは、普段かかわることが少ない地域の住民や日中は仕事があって手伝えない曙小学校ＰＴＣＡ（ＰＴＡにコミュニティがかかわって学校を支えています）の人たちも積極的にかかわってくれました。

その後、パーラー公民館は曙小学校区のまちづくり協議会やＰＴＣＡが積極的に担い、それまでパーラー公民館を支援する側にいた人たちが、パーラー公民館を我が事としてとらえ、企画・運営を担うようになっていったのです。

パーラー公民館は、こういう自由で、変幻自在な空間として、どんどん新しくなっていくのです。それはもしかしたら、空間ではなくて、すでに関係、かかわりと呼んだほうがよいものになっているのかもしれません。

アートが人々を結びつける

子どもたちが手伝ってくれる

パーラー公民館は、実証実験としては２０１９年度、つまりコロナ禍の前に終えています。でも、ここまで楽しい空間をひろげてくれたパーラー公民館です。実証実験を終えたからといって、はいそうですか、では、とやめられるわけがありません。

実は、パーラー公民館は３年間の実践の途中で、すでにこの公民館を担おうという館長や職員が、地域の人々の間に育っているのです。そして、子どもたちまでもが、パーラー公民館を大切に思い、おとなを手伝って、自分たちの空間をつくる営みに参加しているのです。

こんなに楽しいパーラー公民館ですから、子どもたちがやりたくなるのも不思議ではありません。そして、子どもたち自身が、おとなに交じって、パーラー公民館の準備を喜々として手伝ってくれるのです。

パーラー公民館は、子どもでも組み立てられるような簡単な構造ですし、子ども自身がおとなと一緒になってつくり、パーラー公民館を楽しむことで、自分がまちの一員として大切にされ、役割を果たし、みんなと親しいかかわりをつくっていると思える、自分への肯定感と有用感を感じることができる空間でもあるのです。

写真には、パーラー公民館の設営を手伝う子どもたちやパーラー公民館の機材を運ぶのを手伝う子どもたちが写っています。

皆楽しそうで、その心の躍動が伝わってくるようです。

協力する子どもたち（宮城潤氏提供）

地域スタッフの誕生

そして、こういう楽しい場所には、それを担ってくれる住民が必ず生まれてきます。パーラー公民館・館長のＵさんもその一人です。既述のように、もともと那覇市の学校教師だったＵさんは、定年退職後、地元のまちづくり協議会の会長を担ったり、社会教育主事として若狭公民館の運営にかかわったりしたことがありました。

パーラー公民館の地域スタッフ（中央が館長のＵさん）（宮城潤氏提供）

そこへ、今度は曙地区の人たちが切望してできたパーラー公民館です。

地域のために何かしたいと考えていたＵさんにとって、館長を断るという選択はなかったといいます。「もう、喜んでね。館長をさせてもらいました」とＵさんはいいます。Ｕさんは、パーラー公民館への思いをこう述べています。

「昔、公民館もない時代、終戦直後ね。村屋（むらやー）ていうのがあったの。いまの公民館。公民館みたいなもんよね。戦後もう、何にも、食べ物もないよね。建物もない。それで、着るものも一張羅《いっちょうら》だけ。そういうときに、みんなこのあばらやの公民館、むらやーに集まってね、衣食住の研修をやるわけ。それをね、現代風にしてやろうじゃないかということで、M館長とね、パーラー公民館という名前のもとでやったらね、すごくね、老人には老人の生きがいを与えてくれるし、そして子どもたちは会話はできるし、挨拶ももう上手になって、相乗効果があったんですね。もう、パーラー公民館は、生きがいだね」

実験的取り組みを終えた直後、日本社会はコロナ禍に見舞われました。しかし、いったんこの社会の片隅に根を張ったパーラー公民館は、人々のつながりへの思いを滋養にしてひろがり続けています。

いまでは、パーラー公民館の機材は、小学校の体育館の器具庫に保管されていて、毎月二度から三度、子どもたちがそれを引っ張り出しては、あけぼの公園で、そしてまたまちのさまざまな片隅で、ちいさな花を咲かせては、公共空間をひろげています。

パーラー公民館の地下茎《ちかけい》は確実に人々の間にひろがって、社会のそこかしこに新しい公共空間を生み出しています。

各地に飛び散るパーラー公民館の種

パーラー公民館はその後、その種子が、それぞれの地域の人たちの思いによって、手渡され、各地に飛び散っています。

たとえば、浜松や横浜からの視察が相次ぎ、ついにはシンガポールやミャンマーからも見学や手伝いに来る人が現れています。写真は、シンガポールとミャンマーからの視察者を受け入れたときの様子です。

シンガポール、ミャンマーからの視察も（大・大盛況パーラー公民館「公民館のたね」より）

そして、浜松市には、パーラー公民館に学んだあおぞら協働センター（富塚協働センター）が誕生しています。このあおぞら協働センターは、パーラー公民館を視察した職員が、住民に話をしたところ、一緒にやりましょうという声が上がり、住民主導でつくられていきました。
その背後には、子どもたちが外で遊ばなくなっているのではないか、住民同士の交流が減っているのではないか、そして高齢社会なのに多世代での交流がないのではないか、という住民の素朴な疑問や不安があったといいます。
あおぞら協働センターも、何もしないことが基本コンセプトです。そうすると、人が集まってきてはなにがしかのことが始まるのです。「何もしないけれど、話を聞き続ける」。このことが人を惹《ひ》きつけ、何かをやろうとさせてしまうのです。

さらに、こんな事例もあります。手前味噌ですが、私が以前、講演でパーラー公民館の事例紹介をしましたら、しばらく経って、山口県のある人から、次のような連絡をもらったのです。この人は、それまでＰＴＡと連携した家庭教育支援活動の一環で、学校の空き教室や文化祭・運動会の場を使って、出かける保護者カフェ「しらっピーカフェ」を開いてきたのだそうです。

しらっピーカフェの看板

「しらっピー」とは、この学区が白石中学校区で、カフェの愛称としてつけられたものです。学校で親たちがちょっとカフェできるなんてうれしい、という感想が集まっていたのですが、そうすると、もっと日常的に集まる場所が欲しい、地域の教育ネットワークである地域協育ネットワークでカフェを開いて、学区の住民で「ぎゅっと集まりたい」という思いが募ってきたといいます。

そんなときに、このパーラー公民館の話を聞いて、ああ、どんな場所にあってもいいんだと思い立って、まちに出て、地域イベントで「しらっピーカフェ」をオープンしたのだそうです。

今後、まちのどこか片隅に「しらっピーカフェ」を常設することを考えているといいます。写真はしらっピーカフェの看板です。（以上、松原真奈美「ＰＴＡと連携した家庭教育支援の活動～出かける保護者カフェ『しらっピーカフェ』～」２０２３年10月、ＰＤＦ資料）

それぞれの地域で、その地域の人々の思いによって、それぞれのやり方で、パーラー公民館が花開き、人々を結びつけているのです。

新たな気づきを生むアート

パーラー公民館の取り組みは、それがアーティストに依頼することで生まれたように、人々の常識や既成観念を揺さぶり、新たな気づきをもたらすアートの力と深くかかわっています。

パーラー公民館を主宰した若狭公民館・館長のＭさんに依頼されて書いた文章がありますので、最後にその一部を掲出して、パーラー公民館の紹介を終えたいと思います。

＊

「各地の公民館で行われている社会教育実践は、社会課題に応えたり、課題を解決したりするための目的を持ったものというよりは、日常生活の中で、地域住民によってごく自然に行われる〈学び〉の営みであ」る。「それが、互いの関係を豊かなものへとつくりあげ、その関係があることで、地域が自治的に営まれ、さまざまな問題をその関係の中で処理できる力を地域社会に生み出し、その結果、新たな地域づくりに住民一人ひとりが日常生活を基盤として踏み出し、地元を一人ひとりにとってかけがえのないものへとつくりあげている」

「このように住民一人ひとりが地域コミュニティを我が事として受け止め、かかわり、学びを通して、新たな価値を生み出し、地元の活力を高める実践を進めることは、楽しいに違いない」「それはまた、住民が地元で『よきこと』に気づき、それを実践することで、一層『よきこと』を体現した地域コミュニティができあがる、この実践に自ら参加し、自分の変化をうれしく思うことと同じである。つまり、誰もが共通善を実現し、よりよい地域コミュニティをつくる活動に参加しているということである」

「このような社会の在り方は、いわばダイバーシティとインクルージョンであり、それを人々の間にひろげつつ、常に変わり続ける動的な社会を生み出すことでもある。ここに、これらの実践とアートとの共通項があるといえないだろうか」

「アートとくに現代アートは、解釈の自由さとともに、私たちの持つ日常の思いこみや固定観念を揺さぶりつつ、普段感じることのできない感覚や視点をもたらしてくれるものとしてある。それはまた、人々に自分自身を振り返らせる力を持ったものであり、アートにふれることで、感覚そのものが揺り動かされ、内省し、新たな観点を得ることにつながっている。しかも、そこでは自由が生み出されているが、その自由とは誰の意見も感覚も解釈をも否定することなく、そのように感じること、意見を表明すること、解釈することの自由であり、かつそれを相互に認めあいつつ、自己を表出すること（表出しないことも含めて）を誘うこととなる。既存社会の評価と序列化とは無縁な関係がつくられるのである」

「このような関係は、誰もがこの社会に参画し、この社会をつくる自由を互いに認めあいつつ、誰をも否定しないで、自分が社会にかかわることそのことが他者が社会にかかわることを受け入れること、こういう相互肯定の関係を生み出すことにつながっている。誰もが、この社会に共に生き、それぞれの価値をもつ自由を認めあい、新しい価値創造に足を踏み出し、社会を常にバージョンアップしていく、この共同作業に参加していること、このことを互いに感じられること、このことが実現していくことになる」

「しかも、ここにアーティストのもつ尖《とが》った感性や感覚、そして社会に対する違和感などの要素が絡みつくことで、アートは実践として展開される中で、人々を揺さぶり続けざるを得ない。とくにこれが社会教育の実践として営まれるとき、地域コミュニティ住民の価値観を揺さぶり、常に新しい自分と他者を発見し続け、それを新たな関係へと編み上げるように作用することとなる」

「たとえば、若狭公民館で実践されたパーラー公民館やポストポスト部は、仕掛け人のアーティストの感性や感覚が表現された一つの作品でありながら、住民がかかわることで完成し、かつアーティストの意図をも超えて新たになり続ける未完の作品でもある。それはまた、パーラー公民館やポストポスト部そのものが、社会教育の実践形態であるかのようにして、変化して止《や》まない、実践という作品として生み出され、それが地域コミュニティの在り方をも変容させ、バージョンアップしていくものとしてある。しかもここには社会教育としての重要な要素、つまりアーティストの意志を体現し、また自身がアーティストでもある職員が、住民としてかかわっているのである。そうすることで、アートは実践の中で、一過性の制約を脱し、住民自身がかかわりながら、新たな実態へと完成させていく、バージョンアップし続ける生きた作品として、人々を結びつけ続けることとなる」

「このように、社会教育におけるアートとは、一つの公共圏をつくり出すものであり、しかもその公共圏は常に新たな人々を巻きこみ、価値観を揺さぶりつつ、新たな価値をつくり出し続ける、得体の知れない生き物のように変化し続ける動的な関係であり、そこで人々は常に誰かにとっての『よきこと』に気づき、それを実践することで、地域コミュニティを『よきこと』の関係へと組み換え続ける、そういう作品であるといえる」

「社会教育におけるアートとは、社会の共通善をつくり出す実践であり、その実践そのものが公共財でもある営みだといえる。これからの社会教育には、さまざまな人々がかかわりつつ、自らが当事者として実践を進めることが、『よきこと』に気づき、実践し、社会を新たにし続ける営みであるような、いわばBy Allのアートである営みが求められている」（以上、牧野篤「『よきこと』に気づく、実践する―アートがひろげる社会教育の可能性―」、ＮＰＯ法人地域サポートわかさ『ワークブック「アート×社会教育」：事業「アーティストと開発する社会教育プログラム」』２０２２年）

第4章 「ちいさな社会」への帰還

――広い世界から、深い宇宙へ

企業人生の延長を生きるとき

企業退職者の声

これまで述べてきたような「ちいさな社会」を愉しく生きることとは、一見企業社会で成功を収めたように見える人たちにとっても、とても大切なことです。特に、人生１００年時代の今日、企業を退職後、生まれてから就職した年齢まで以上の時間が待ち受けています。そのような第二、第三の人生を充実した気持ちで送り、満足して最期を迎えるには、どうしたらよいのか。このことが問われているのです。その問いへの答えが「ちいさな社会」を愉しく生きることです。以下、このことを考えてみたいと思います。

大企業の役員経験者を中心に組織されている企業退職者の団体に、一般社団法人ディレクトフォースがあります。コミュニティ・デザインの会社であるstudio-Lと一緒に、この会員に、これまでの経験や現在の楽しみ、これからの生き方などについて、インタビューをしたことがあります。

この団体の会員数は約６００名、インタビュー対象者は47名、年齢別では75歳から79歳が23名、80歳から84歳が18名、85歳以上が６名でした。また、この団体が大企業役員経験者からなっていることの特徴でしょう、女性は2名でした。
その結果はとても興味深いものでした。詳しい内容は別の機会にご報告できればと思いますが、概《おおむ》ね、次のような傾向が明らかになったのです。

まず指摘しておかなければならないのは、インタビュー対象者の自立した、また自律的な個人としての強さです。これまで企業社会で活躍されてきた経歴を背景として、企業を退職された後も、社会の第一線で活躍できる力を持っているのです。そして、自分はこう在りたいと希望・欲望し、どうしたらそう在り得るかを戦略的に考えられ、それを実践し、実現して、満足感を得る生き方が継続されていることが明らかになりました。いいかえれば、自己納得感の高い生き方を実践されているのです。

このことはまた、マズローの欲求5段階説にもなぞらえ得る個人の在り方を示しているといってよいでしょう。

マズローの欲求5段階説とは、この社会が個人から構成されていると見なし、その標準的または理想的な個人の在り方を、欲求をベースにとらえて、次のように説明しています。

まず、食事を基本とする生理的な欲求、いいかえれば物質的な欲求が満たされる（第1段階）と、さらに安全への欲求が生まれ、自分の帰属などが求められることとなります（第2

段階）。それが満たされると社会的欲求が高まり、他者とのかかわりやつながりなど、自分の社会的な位置づけを他者との比較において求めるようになります（第３段階）。

その欲求が満たされるとさらに、承認欲求が生まれ、自分が他者に受け入れられ、認められて、社会的な地位を得ることを求めるようになります（第４段階）。そして最後に生まれてくるのが自己実現の欲求、つまり道徳的に高まることや創造性・自発性を発揮して社会に貢献したりすること、自分が理想とする自分の姿を実現する欲求だというのです（第５段階）。

このマズローの欲求５段階説に引きつけて考えると、インタビュー対象の企業退職者は、自己実現欲求を満たすように、退職後もそれぞれのフィールドで活躍していると自負しているのです。

理想的なアクティブ・シニアライフ？

次に、だからでしょうか、帰属欲求・承認欲求も、「社会」というより大きな集団におけるものであり、それを支えるものとして「家族」という小さな集団での位置づけが大切になっているのです。

それはまた、自己実現欲求の基盤としての安全と帰属、そして承認欲求が社会とのかかわりでとらえられ、その基盤として家族という小さな親密な集団に支えられていることが求められることになっているといってよいでしょう。

企業を退職しても、企業に帰属しながら社会的に活躍し、その精神的な支えを家族という親密な関係に求めるという個人の在り方は継続しているのだといえそうです。

しかも、企業というグローバルな世界で活躍した在り方が、退職後も、社会へと置き換えられ、継続されているのです。繰り返しになりますが、だからこそ、それを支えるものとしての家族や友人という親しいかかわりが大切なものになるのでしょう。

そして、それゆえに、自分の価値基準をしっかり持ち、さらに親密な関係において支えられているという個人の在り方が基本になりますから、「反響への欲求」＝承認欲求と「自由への欲求」＝抑圧への抵抗も、個人で判断して、自己納得感の高い生活を送っていることで、特に問題とならないように見えるのです。

社会的に承認を求めてはいるのですが、特に自分の存在や行為に対して、一つひとつの反響を求めているようには見えず、むしろ自分の価値観にもとづいて、やるべきことはやるし、正しいことは正しいのだといえる強さを持っているのですし、自由への欲求、つまり社会的な抑圧への抵抗についても、自分の価値観にもとづいて動いてきたからでしょうか、特に社会的な抑圧などは気にはならないがために、強いものではないのです。

それはいいかえれば、極《きわ》めて自己肯定感の高い生き方をしているということのように思われます。

高齢期にはさまざまな課題が生まれてきたり、親しい人を失ったり、できたことができなくなるなどの喪失を経験したりして、積極性を失ったり、人生に対して後ろ向きになったりする人が多い中で、極めて理想的な、いわばアクティブなシニアライフを実現しているのだといってもよいように思われます。

企業人生の延長にある社会貢献

第三に、そのような強い自己価値意識を持っている人たちですから、企業を退職した後、ディレクトフォースに所属し、社会貢献を基本とした活動を行うようになってからも、企業人としての在り方が継続されているように見えます。つまり、社会貢献に対しても意識が高く、より高い、俯瞰《ふかん》的な見地から、「社会」というより大きな集団への貢献を考えることができ、かつそれを実行する力を持っているのです。

しかも、その社会貢献の構想や実践は、これまでの企業人人生の延長であるかのようにして、ある意味「天下国家」を論じ、それを基礎に、自分に何ができるのかを考え、社会に役立つ自分をイメージして、実行する力を持っているのです。企業人としての面目躍如《めんもくやくじょ》たるものがあるといってよいでしょう。

その上、この社会貢献の構想や実践はまた、企業での企画立案と事業化にも比することができるかのような思考と実践の構造を持っています。私はこれを、ＡＡＲ連鎖運動と呼んでいます。ＡＡＲとはAnticipation-Action-Reflectionの連鎖のことです。

何か楽しそうなことやよいことがやってくると予期してわくわくする感じを抱くことが第一のＡ、Anticipation（予期する、予測する）です。そうすると、計画を立てつつ、事業化へと身体が動き、第二のＡ、Action（やってみる）が発動されます。そして、この第二のＡは試行でもあるので、すぐにＲ、Reflection（振り返る）が始まって、振り返りつつ、うまくいっていれば、次のAnticipationが生まれ、悪ノリ気味にイケイケどんどんで事業が進みますし、うまくいかなければ、あまり深刻になることもなく、少しやり方を変えたりして、新たなAnticipationを生み、それが次のActionを導いて、さらにReflectionを経て、さらに新たなAnticipationが生まれる、こういう連鎖運動の構造になっているのです。

このＡＡＲ連鎖運動は、ＯＥＣＤ（経済協力開発機構）が学校教育実践改革において提唱しはじめた考え方です。それは、従来のＰＤＣＡ（Plan-Do-Check-Act）サイクルが、教育や学習というさまざまな要因が複雑に絡みあった営みにおいてはうまく機能せず、さらに新たな探究型学習が求められる社会にあっては、これまでのような目的達成型の、いいかえれば、すでにある答えを探すような教育が、すでに機能不全を起こしており、答えのない課題を追

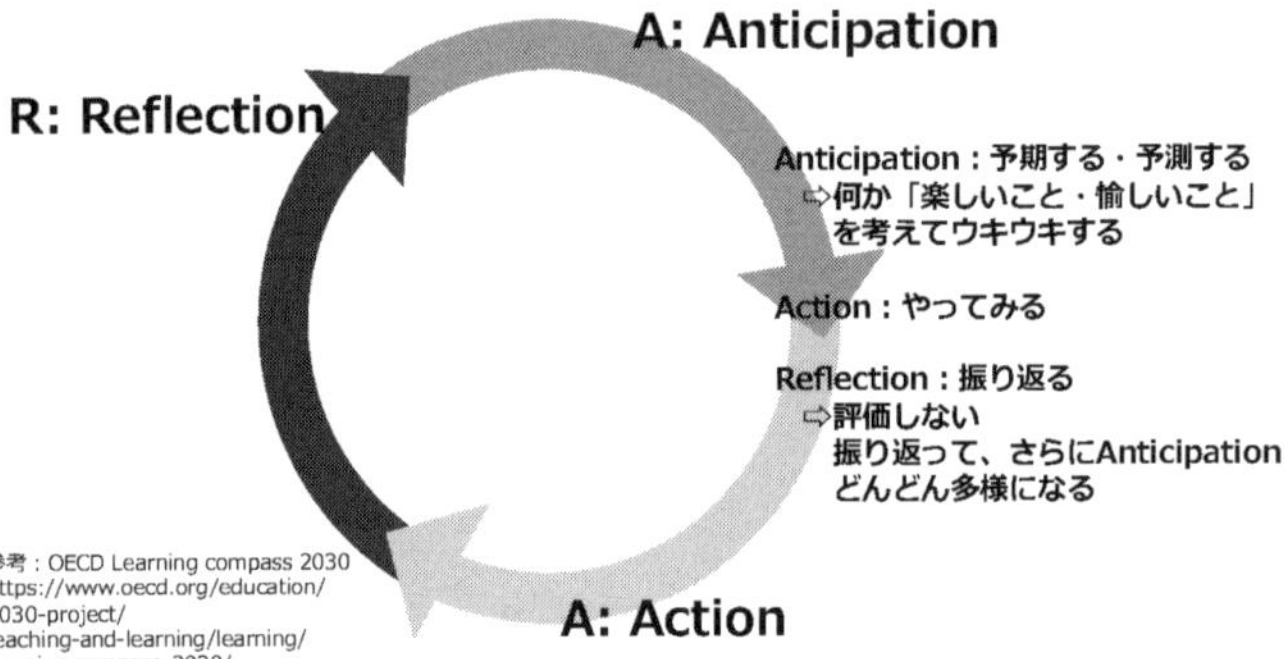
A: Anticipation
R: Reflection
Anticipation：予期する・予測する
⇨何か「楽しいこと・愉しいこと」
を考えてウキウキする
Action：やってみる
Reflection：振り返る
⇨評価しない
振り返って、さらにAnticipation
どんどん多様になる
A: Action

参考：OECD Learning compass 2030
https://www.oecd.org/education/2030-project/teaching-and-learning/learning/learning-compass-2030/in_brief_Learning_Compass.pdf

求して、新たな価値をつくることは困難だとして、提起された新たな教育実践の考え方です。

私はこの考え方を援用して、まちづくりなど、さまざまな要因が絡みあった、しかも答えのない課題を解決しなければならない取り組みの考え方として用いています。

インタビュー対象者の社会貢献にかかわる立案や実践の動きを見ていると、企業組織がいわゆるＰＤＣＡで構成されているのに、その実、そのリーダーたちの事業企画立案やその実践化は、ＰＤＣＡではなく、むしろ社会にアンテナを立てて、敏感に社会的な需要を感じとり、ある種の部活動的な悪ノリで推し進められる開放系の試行錯誤の体系を持っていることを感じずにはいられません。

この悪ノリの試行錯誤が可能なのは、彼らが役員だったからでしょう。そして、この悪ノリの試行錯誤の開放系の体系がＡＡＲ連鎖運動なのです。

「愉しい」社会活動をするには

ジグソーパズルモデルへ

第四に、インタビュー対象者の皆さんは、社会貢献を考えるときに、抽象度の高い視点に立って、社会を俯瞰し、みずから役に立てることを企画し、実践するという、戦略の策定と戦術の運用に長《た》けているのですが、所属しているディレクトフォースが同好の士の集団ということによって、この団体が実践を支え、インタビュー対象者の力を引き出すことに有効に作用しているように見えます。

それぞれが自立・自律した個人として相互に尊重しあう関係の中で、その持つ能力を引き出しあい、それを社会貢献へとつなげることで、自己納得感を相互の承認関係へと高めているのです。これを、マズローの欲求５段階説からジグソーパズルモデルへの展開といってもよいように思います。

ジグソーパズルモデルとは、私の知人で大阪の西成《にしなり》地区でホームレスの支援事業を行っている団体の代表が使ったモデルです。

私たちは、一般的に、人々の在り方を考えるとき、既述のマズローの欲求５段階説のように、個人を前提として、個人が自分の幸せを求めて、能力を高めたり、行動を起こしたりして、社会を構成していると考えがちです。確かにそういう面はあるのですが、この知人は、ホームレス支援をやっていると、そうとは思えないというのです。

いくらホームレス個人に支援を続けても、生活をぎりぎりのところで保つことはできるが、その当人たちが欲求水準を高めていくことはほとんどないのだそうです。では、こういう人たちはまったく社会に役に立たないのでしょうか。

ところが、そうではないとこの知人はいいます。このホームレスのおっちゃんたちは、仲間や関係者との良好な関係の中で、あるべきところだと思われるような適所にうまく組みこまれると、周りに触発されて、思いもよらぬ力を発揮して、自分でもびっくりするような活躍をすることがあるのだそうです。

このことをこの知人は、ジグソーパズルモデルだといいます。誰もが自分の秘めた力を持っているのに、それをうまく引き出してもらえるような関係に置かれないがために、その力を開発しないままに終わってしまっていて、表面的には無気力で無能力のように見えてしまう。

でも、本当は私たちは社会性の存在であって、いいかかわりにうまくはめこまれると、思いもよらない力を発揮して、そのかかわりをよりよいものへと進化させることができる。そ

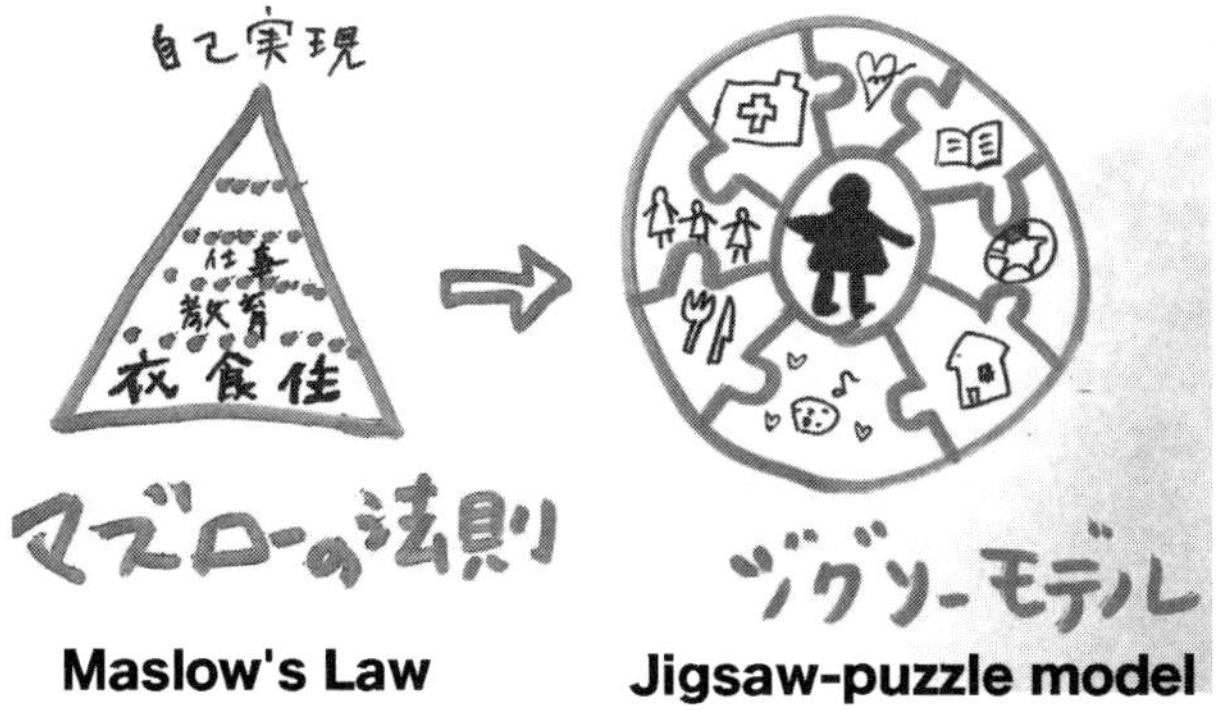

上田假奈代「こえとことばとこころの部屋ココルーム」、東京大学大学院教育学研究科社会教育学研究室主催公開講座
「社会教育の再設計・シーズン3」における講義（第2回・2022年2月17日、オンライン）

ういう力を持っているのだろうと思います。

このインタビュー対象者たちも、同様なのです。もちろん、個人的にも力のある人たちですし、秘めたポテンシャルは並の人以上だと思います。そして、先に述べたように、自立的かつ自律的な存在として、みずからの判断で、みずから正しいと思うことを企画し、実行する力を持っています。その意味で、マズローの欲求５段階説をそのまま体現しているような人たちです。

しかし、このような人たちが、その力を発揮して、既述のようにＡＡＲ連鎖運動のような悪ノリの試行錯誤を続けることができ、しかもそれをさらに社会貢献事業として拡大していくことができるのは、同好の士としての仲間たちがいて、その仲間たちが自分が所属するディレクトフォースにいることで、自分がうまく仲間とのかかわりの間に位置を占めて、そのかかわりからさまざまな力をもらい、自分の力も開発されて、次へ次へと悪ノリのAnticipationが起こっているからではないでしょうか。

この意味で、彼らにはよい仲間がいて、その仲間とのよいかかわりが、自分の行動を促しているのです。

「愉しさ」に駆動されて

第五に、しかもこの社会貢献を基本とする活動は、とても「愉しい」のです。ディレクトフォースの活動の基本的な在り方は、みずからが社会を俯瞰しつつ、その観点から自分にできることを構想し、仲間とともに実践して、それを実現していく「愉しさ」に駆動されるものとしてあります。

この「愉しさ」には二種類あるといってもよいように思います。一つは、活動そのものが社会貢献が基本であり、自分が社会に役立っているという強い肯定感をもたらしてくれますから、それそのものがとても「愉しい」ものであり、自分のさらに悪ノリ気味の活動を促すものとしてあります。

そして、もう一つが、この活動がディレクトフォースの仲間とともに行われることで、仲間相互の間でも強い肯定の関係が生まれ、それが自分を肯定する強い気持ちへと展開してい

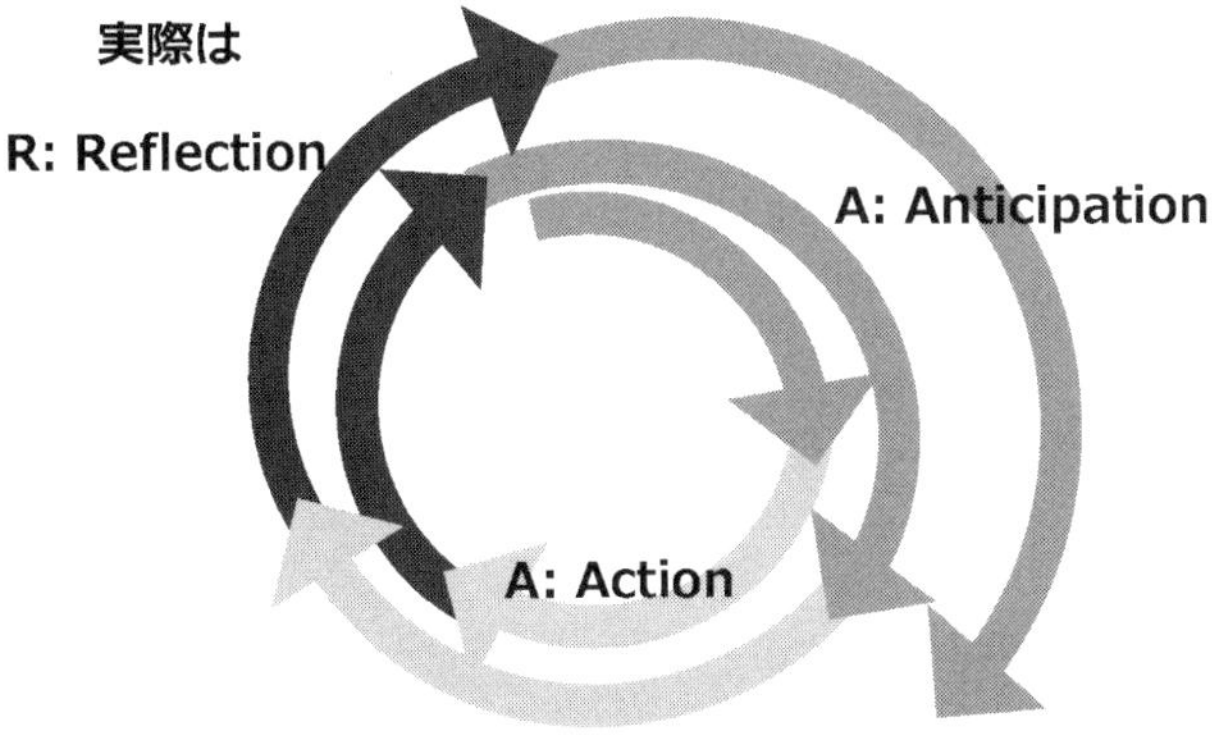

るのです。

いわば、ディレクトフォースという団体における会員相互の肯定的関係が「愉しさ」を生み出し、彼らの活動を支え、かつ促しているのです。

自分が活動そのものの愉しさによって駆動され、それが他者を巻きこみつつ、相互に認めあい、肯定しあう関係をつくり出し、より愉しいかかわりの中で実践を展開することとなり、それが自己への肯定感・納得感へと還ってきていることを見てとることができます。ディレクトフォース内部で、たがいに駆動しあい、新たな自分を実現し続ける「愉しい」関係が構築されているのです。

「愉しさ」の連鎖反応が起こる

第六に、このような自立し自律した彼らインタビュー対象者の活動が、活動自体の愉しさによって駆動される

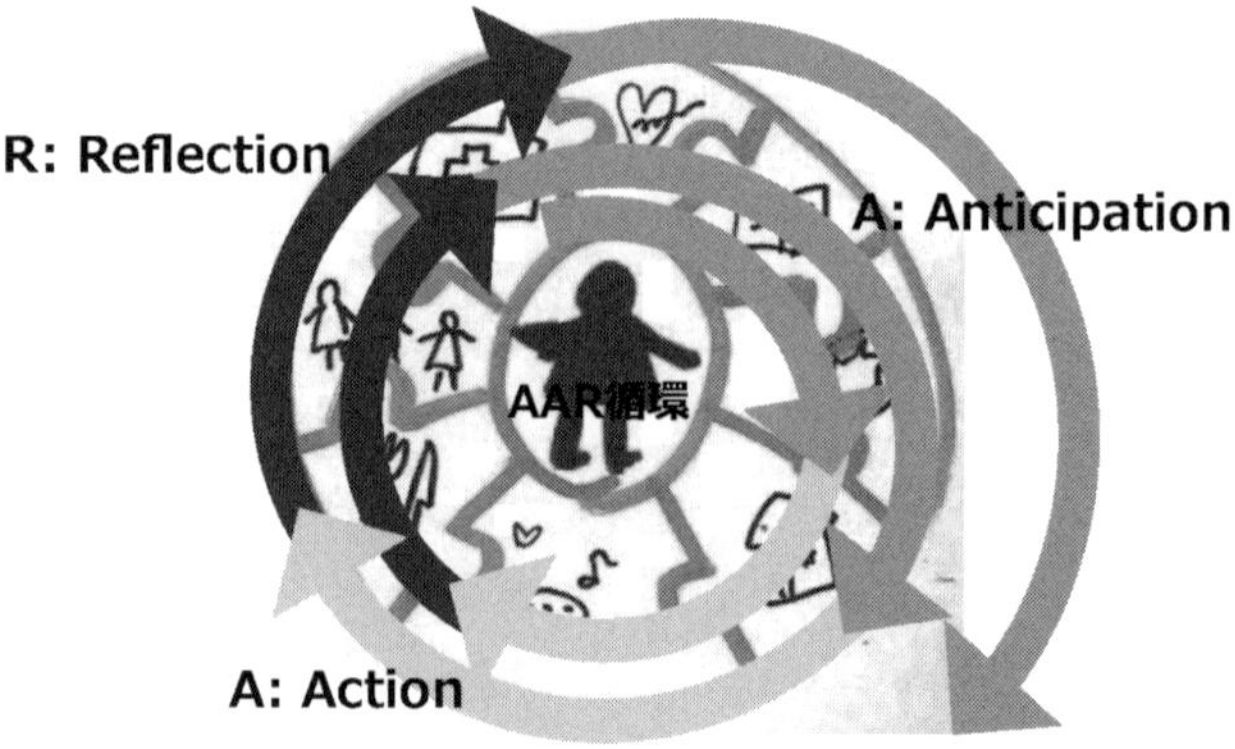

ことで、ディレクトフォース内部での仲間との共振関係が生まれ、他者をも駆動することで、他者とのかかわりによって新たな自分の力が引き出され、さらに一層その活動が愉しくなるという関係がつくられ、それがさらに他者を巻きこんでいくという連鎖運動が起こるようになっているように見えます。

それはまた、ＡＡＲ連鎖運動を起こしている自分が、他者とのよいかかわりの中に「はまる」ことで、さらに「動き」、そのかかわりそのものを愉しいものへと組み換えつつ、さらにその活動を駆動していくという運動として立ち現れることとなります。

このような運動を可能とするものとして、自分が所属するディレクトフォースそのものが集団的に愉しさを体現するものへと常にその在り方を組み換え続けていくのです。

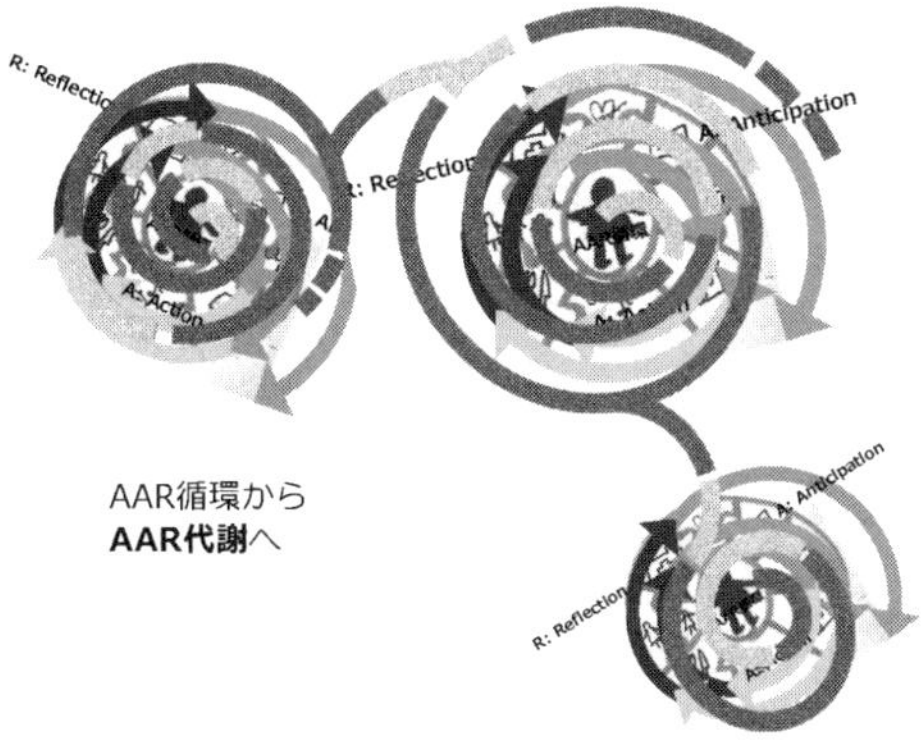

新たな自己肯定感や自己有用感

第七に、こうしてディレクトフォースという集団が、会員一人ひとりの愉しさを体現するものとなることで、この集団そのものが愉しさを会員一人ひとりにもたらし、会員の活動を駆動するものとして機能しはじめ、この集団内での会員相互の愉しいかかわりが、さらに会員の活動を駆動することになっていきます。

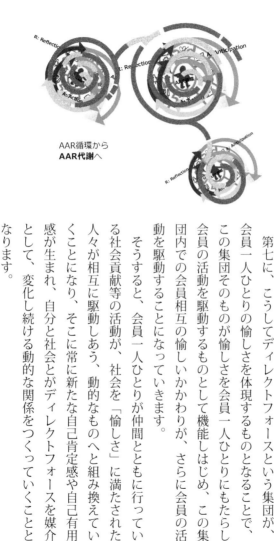

そうすると、会員一人ひとりが仲間とともに行っている社会貢献等の活動が、社会を「愉しさ」に満たされた、人々が相互に駆動しあう、動的なものへと組み換えていくことになり、そこに常に新たな自己肯定感や自己有用感が生まれ、自分と社会とがディレクトフォースを媒介として、変化し続ける動的な関係をつくっていくこととなります。

納得感のある自己肯定感が、ディレクトフォースとのかかわりにおいて、社会へと拡張され、会員が相互に承認しつつ、相互に肯定感を高めあう関係になるのです。

ＡＡＲ代謝を実現

第八に、前述のことをディレクトフォースという集団に即してみてみると、次のことがいえそうです。つまり、ディレクトフォースは、社会貢献が自己納得感の高い自己肯定感をもたらすという「愉しさ」が、相互に会員を駆動する内的なメカニズムを持っているということです。しかも、それは単に、社会貢献というある種の使命感をともなったものとしてあるよりは、それぞれの自己実現の「愉しさ」が駆動力となる社会貢献の在り方を実現するものとしてあるように見えます。

この意味では、ディレクトフォースという集団は、いわば既述のマズローの欲求5段階説とジグソーパズルモデルの双方を満たすような在り方を示しており、それがディレクトフォースの魅力を醸し出しているということだといえそうです。

つまり、ディレクトフォースは社会貢献を一つの目的とした団体でありながら、社会貢献にとどまらない、それが生み出す「愉しさ」が会員を相互に駆動するようなメカニズムを持っているということです。

このことは、いいかえれば、ディレクトフォースは、極めて企業社会的な、自立した個人を基盤とした、都市型の集団だといえますし、それはまた、この団体が大企業の役員経験者を中心とした企業退職者から構成されていることを考えれば、当然のことだといえるかもしれません。

この意味では、ディレクトフォースは、集団としての基盤はある種の理念であり、それに共感・共鳴する自立・自律した個人が形成する集団であるといえるでしょう。しかも、繰り返しになりますが、ディレクトフォースは、この理念を超えて、「愉しさ」が相互に会員を駆動し、新たな活動を生み出す力を持っており、ＡＡＲ代謝を実現する集団でもあるのです。

引退を見据えて

消えるようにしていなくなる会員

第九に、しかし、だからこそこのディレクトフォースという集団は、その足場または根っこの部分で脆弱性《ぜいじゃくせい》を持っているようにも見えます。つまり、会員の物理的・生理的な条件がディレクトフォースの特徴に合わなくなったとき、企業に定年退職があるように、ディレクトフォースからも引退を余儀なくされることとなるのです。

このことは、ディレクトフォースのリーダーたちが、次のように語っていることからも窺《うかが》えます。

「ディレクトフォースの会員は皆若々しくて、企業を退職してからも積極的に社会にかかわって、社会貢献活動を続け、自己実現を成し遂げていくし、その姿は、企業引退後に自分の社会的な役割を見失ってしまって、元気をなくしていく高齢者とは真逆の在り方を示してくれている。しかし、年齢も90歳を過ぎ、体力的にも、肉体的にも、そして認知能力的にも限界を迎えつつある年になると、ディレクトフォースから消えてなくなるかのようにして、気づかぬうちにいなくなっている人がかなりいる」

では、この「消えてなくなるかのようにして、いなくなっている」人たちは、どこに行ってしまっているのでしょうか。それは、「多分、家庭ではないかと思う。自分も将来、そうなるように思うから」ということです。

既述のように、ディレクトフォースの会員の帰属欲求・承認欲求も、「社会」というより大きな集団におけるものであり、それを支えるものとして「家族」という小さな集団での位置づけが大切になっているのだとしたら、そしてその間にディレクトフォースがあることによって、この団体に参加することで、企業で活躍したことの延長であるかのようにして、ステージを企業から社会に変えて、社会貢献活動を生き生きと続けることができたのだとしたら、ディレクトフォースからの引退は、社会からの引退を意味します。

そして、引退していく先は、家庭のみということになってしまいます。

この団体の足場・根っこの脆弱性とは、地域性を持たないことであり、これまでディレクトフォースの魅力をつくり出してきた地域性のなさ、または地域性を超えたところにある集団という特性が、会員の加齢とともに負の作用を及ぼすことになりかねないようにも見えるのです。

またはこういってもよいでしょう。社会と家庭との間に、本来であれば、家庭の所在地である地域があるはずなのですが、企業と家庭の間には地域ではなくて市場があるように、社会と家庭の間にディレクトフォースがあることで、会員の人たちは、企業で活躍した姿そのままに、社会で活躍することができていたのですが、だからこそ、そこから引退することは、そのまま家庭に引きこもることにつながってしまう、こういうことなのかもしれません。

引退後「家族」だけにならないために

第一〇に、前述の意味で、ディレクトフォースという団体を基本に考えると、今後、会員の加齢とともに団体そのものの在り方を柔軟に組み換えていくことが求められるように思います。

それは、一面で、当然ですが、これまでのように地域性を超えた広い世界で活躍する若い「高齢者」会員の獲得をすすめつつ、もう一面で、会員である人々が加齢にしたがって新たな人生を歩むことができるような集団の在り方、つまり地域性を組みこみつつ、地域コミュニティで幸せを感じられるような生き方を模索することができるように、組織の在り方を組み換える必要があるということです。

その一つの在り方として、「ふるさと」を持つ会員は、会員として「ふるさと」に還り、「ふるさと」のために一肌脱ぐ活動を行いつつ、地域コミュニティへとソフトランディングする志向性を高め、それを実現することを考えてはどうでしょうか。

そして、「ふるさと」を持たない会員または還らない会員は、家族や友人のいる地域コミュニティで、さまざまな活動を行うこと、次の世代を育成することで、そこを自分の「ふるさと」としてつくることが考えられます。

これらのいずれをも、支援することが、今後のディレクトフォースの役割でもあるように思われるのです。

企業と家庭の間に市場があって、企業から引退することで市場を介して、ディレクトフォースにつながり、そこから新たな社会へと結びついて、広い世界で活躍してきた人たちが、その後、物理的・生理的な条件によって、ディレクトフォースからも引退しなければならなくなったときに、残された居場所が家庭だけ、ということにならないためにも、企業と家庭の間にはなかった地域を、社会と家庭の間にあるディレクトフォースが地域性を持つことで、社会と家庭の間に措《お》き、広い世界で活躍した人たちを徐々に「ちいさな社会」で活躍して、自己実現を遂げ続け、最期を満足して迎える、そういう方向へと導くこと、こういう役割があるのではないでしょうか。

みずからが「ふるさと」になる

そして、最後に、このような取り組みを通して、ディレクトフォース会員が、次の世代にとっての「ふるさと」になることが求められているようにも思います。

次の世代とのかかわりにおいて重要なのは、「ふるさと」とは外形的なものではないという観点です。次の世代である子どもたちにとって、「ふるさと」とは生まれ育った地域コミュニティでありながら、それは文化や伝統・歴史、物産など外形的なものではなく、第一義的に、自分をきちんと受けとめて、認めて、位置づけてくれる「かかわり」としてあることが、さまざまな取り組みから明らかになっています。

つまり、まずは自分を真正面から受けとめて、認めて、位置づけてくれる、いてもよいのだと思える居場所としてのおとなたちとの関係が、子どもたちが安心して生きるためには重要で、その関係があることによって、そこにふるさとの歴史や文化、伝統や物産などいわば外形的なことが教えられることで、自分はこのふるさとを担っているのだという誇りを持つことができることがわかっているのです。

しかも、次のような研究成果もあります。

小学生時代にボランティア活動に参加して、おとなたちとよいかかわりを持つことができている子どもたちは、将来的に他者に対して「よいこと」をしようとする傾向性を強めること、社会貢献意識が高まり、利他性と互恵性が強まるとともに、自分を受けとめてくれたおとなへの愛着を深め、自分が生まれ育った地域社会への思いを強め、それが自分が生きてい

小学生時代にボランティアなどの
経験を積んだ者は社会貢献意識が高まる

参加・協力を経験した子どもは、
他者のために行動することを好み、
利他性と互恵性が高まり、
他人への協力を好み、
国への誇りを持つようになる傾向がある

DP

The Hidden Curriculum and Social Preferences

ITO Takahiro
Kobe University

KUBOTA Kakei
Yamagata University

OHTAKE Fumio
Osaka University

RIETI

るこの社会や国への誇りにつながっていくことになるというのです。そしてその基盤には、おとなや社会に受けとめられることで強まっていく自尊感情や自己有用感があります。

　つまり、おとなとの「かかわり」がしっかりしていることで、歴史・伝統・文化・物産などが自分事化し、それらが子どもたちにとっての「ふるさと」を構成することになるのです。

　ディレクトフォース会員にとっては、自分が子どもたちの「ふるさと」となることで、その場が自分の「ふるさと」となるような「かかわり」を地域コミュニティで生み出すことが期待されるのではないでしょうか。

都市化した社会に生きる人へ

　以上が、ディレクトフォース会員へのインタビューからとらえられる会員たちの生き方や価値観の特徴です。

この特徴は、確かに、大企業の役員経験者であるからそのように生きることができるという意味では、彼らに特有のものであり、社会一般の人たちにひろげることはできないものなのかもしれません。

しかし半面で、この私たちが生きる社会が、基本的には都市化され、人々は、あまりよい意味では使わない言葉である、個人主義的な生活を送り、近隣とのかかわりも稀薄で、次の世代の育成にも関心を持たずに、生きているのではないでしょうか。そして、最期を迎えるにあたっても、死を忌《い》み、恐れ、できるだけふれないようにして、先送りしてきているのではないでしょうか。

しかし、死をめぐっては、私の知人の医師がいうように「医療はサービスとしては失敗を宿命づけられている」のです。

どういうことなのかといいますと、人の命を救う医療は、その使命を全うすることができないように宿命づけられている、つまり人は生命を持った存在すなわち生物として、最後は死を迎えざるを得ない、医療は死を延期することはできるかもしれないが、死そのものをなくすことはできないのです。しかし、医療はその行為を通して、人と人との信任を紡《つむ》ぎ、社会に信頼を醸成することができます。

だからこそ、いまや医療も社会的処方という手法を重視しつつ、最期を満足をもって迎えられるように、人々のかかわりやつながりの在り方を整えようとしはじめています。

このように考えれば、ディレクトフォースという団体は、この都市化した社会に生きる私たちの在り方を、ある意味で誇張するかのようにして表現してくれている特徴的な団体なのだということができます。

また、ディレクトフォースの会員へのインタビューで明らかになった彼ら会員の生き方や価値の持ち方の特徴は、多かれ少なかれ、私たち一人ひとりに当てはまるものなのではないでしょうか。

こう受けとめたとき、私たちが自分の人生の最期を考えるにあたって、重要になるのが、広い世界で活躍した後、「かかわり」を基本とする「ふるさと」に還って、そこで深い宇宙に到達する、この筋道であり媒介でもある「ちいさな社会」への帰還の在り方です。

この「ちいさな社会」への帰還の在り方を実践をもって示してくれているのが、これまでご紹介した三つの事例です。そして、いま、このような「ちいさな社会」をつくり、担い、そこで人々のつながりやかかわりをつくり出して、愉しく生きようとする試みが各地で生まれてきているのです。

おわりに——先行する世代として

「はじめに」で取り上げた作家・黒井千次さんのいう〈老い〉を豊かにする〈知〉とは、少々牽強付会《けんきょうふかい》ですが、これまで述べてきたような「ちいさな社会」を愉しく生きながら、自分を広い世界から深い宇宙へと橋渡しする営みを我が事にするということなのではないでしょうか。

足下の地面にしゃがみこみ、あたりを観察することで、〈若さ〉の速度や視覚が見落としているものの姿が、まざまざと目に映る、そういうことでしょう。そこでは、「ふるさと」に貢献しながら、自分がその「ふるさと」の子どもたちの「ふるさと」になる。そういうかかわりの在り方があります。

これまで述べてきたような「ちいさな社会」づくりの実践は、そういうかかわり方の具体的な事例です。しかも、このように子どもたちにかかわることは、次のような知見にもつながっていきます。

こういう「ふるさと」は、高齢者が次世代を育成しないではいられなくなる「ジェネラテイビティ」が豊かで、そうすることで、自分が世代を超えてつながっていく感覚を得て、「トランセンデンス」が起こり、最期を満足して迎えられる「場」としての地域コミュニティとなる、ということです。

ジェネラティビティとは、私たち人間が本来持っている、次の世代に関心を持ち、かかわり、彼らを社会の後継者として育成しようとしてしまう本能的な傾向性を示すものです。私たちは、本来的に、次の世代に関心を持たざるを得ず、彼らにかかわろうとしてしまう、社会的な存在なのです。そして、次の世代の子どもたちに十分にかかわっていくと、自分の存在が世代を超えてつながっていく感覚を持つことができ、それが老年的超越と呼ばれるトランセンデンスを引き起こすことになります。

トランセンデンスとは、自分の存在が、いわば即物的なこの世界だけでなく、むしろある種の宇宙観ともつながるような精神的な次元へと昇華しつつ、目先の利害を離れていく、高齢期特有の精神的な変化をいいます。そうすると、死を迎えることが怖くなくなり、自分がこの世界にしっかりとつながりつつ、新たな宇宙と結びついていく、こういう満足感をともなって最期を迎えることができるようになるといわれます。

いまのこの社会が死を忌《い》み、怖がるのは、社会が都市化してしまい、人々が個人主義的な生活を送ることで、私たちがジェネラティビティを忘れてしまい、孤立の中に生きていて、トランセンデンスが起こらなくなっているからなのかもしれません。

このことを個人に即していえば、広い世界で活躍した後は、「ちいさな社会」へと帰還して、自分が次世代の「ふるさと」になるかのようにして、子どもたちにかかわり、そうすることで深い宇宙に到達して、最期を満足して迎える、こういう社会の在り方を改めて考え、実装することが求められているということでしょう。

ここまで述べてきた「ちいさな社会」を愉しく生きる営みこそは、これまで「ふるさと」を離れ、広い世界で活躍し、第一線を引退した後も、社会貢献活動などに積極的にかかわって、自分の生き方を貫《つらぬ》いてきた高齢の人々が、自分の「ふるさと」をつくり、また自分が人々、特に次の世代の「ふるさと」になることによって、ジェネラティビティを発揮し、トランセンデンスを生み出して、深い宇宙に生きることになる、その橋渡しとなる取り組みなのだといえるのではないでしょうか。

私たちは、人生100年の時代を迎える一方で、気候変動や地震などの災害が起こり、そして戦争が引き起こされる、予測不可能で混迷を深める世界に生きることを余儀なくされています。それはまた、私たちの人生そのものがその日常生活において、この危機的状況を引き受けなければならなくなっているということでもあります。

このような状況にあって、広い世界で経験してきたことを、次の世代に伝えつつ、次の世代がこの社会を引き受け、かつ自分が生きるにふさわしい社会へとつくりあげていくことを支援すること、それを日常生活の足場である「ちいさな社会」で実践することは、先行する世代としての責任であり、またやりがいのある仕事なのではないでしょうか。

そういう仕事を仕上げることが、深い宇宙に到達して、満足を得る、人生のまとめとなるのだと思います。

あとがき

本書は、私が各地の人々にお世話になりながら、その営みにふれ、また実践してきたちいさなまちづくりの取り組みを紹介したものです。

これまでも、まちづくりの取り組みについては、さくら舎から刊行された拙著二冊（『農的な生活が面白い―年収200万円で豊かに暮らす！』2014年、『「つくる生活」がおもしろい―ちいさなことから始める地域おこし、まちづくり』2017年）で紹介してきましたが、今回はさらにちいさな取り組みを取り上げつつ、それが「ちいさな社会」をつくり、人々のかかわりをつくり出すことで、愉しい生活を生み出している姿を描こうとしました。

黒井千次さんよりもさらに年配の経済学者で、今日でも健筆を振るっていらっしゃる暉峻《てるおか》淑子《いつこ》さんは、「承認をひらく」ことが、人々の尊厳を守り、人権を鍛え、この社会を人が生きるに値する社会へとつくりあげていくことの基本だとおっしゃいます（暉峻淑子『承認をひらく――新・人権宣言』岩波書店）。それは、本書の主題にひきつけて述べれば、「ちいさな社会」でたがいにコンパッション（Compassion）の力を発揮して、相手にとって「よきこと」

をすることで、自分が幸せになる、つまり愉しく生きることに他なりません。

こういう「ちいさな社会」がこの社会の草の根にたくさん生まれることで、人生１００年の時代を幸せに暮らすことが可能になるのではないか、そしてそれを実現しようとする確かな動きが、すでに生まれているのではないか。そう思います。

本書の刊行には、前著二冊と同様、さくら舎の古屋信吾さん、猪俣久子さんにたいへんお世話になりました。記してお礼申し上げます。

本書が、退職後の人生に思い悩み、何かをしたいと考えている人たちはもちろんのこと、この社会をかかわりに満ちた、彩り豊かな生活の場にしたいと考えている人たちの背中を、少しでも押すことができるのでしたら、幸せに思います。


ようやく朝夕に涼しさを感じられるようになった秋晴れの日に

牧野《まきの》　篤《あつし》

【初出一覧】

本書のもとになった原稿の初出は以下の通りです。収録にあたっては、加筆修正を施しています。

はじめに――これからの生き方　書き下ろし

第1章　「空き家」を活用して居場所づくり――岡さんのいえＴＯＭＯ

・「空き家」が居場所になるまで――「岡さんのいえＴＯＭＯ」（１）／〈ちいさな社会〉を愉快に生きる（２）、やる気ラボ（https://www.yaruki-lab.jp/makino2-2/）、２０２２年８月

・進化し、深化する「空き家」――「岡さんのいえＴＯＭＯ」（２）／〈ちいさな社会〉を愉快に生きる（３）、やる気ラボ（https://www.yaruki-lab.jp/makino2-3/）、２０２２年８月

・「まちのお茶の間」がどんどん変身――「岡さんのいえＴＯＭＯ」（３）／〈ちいさな社会〉を愉快に生きる（４）、やる気ラボ（https://www.yaruki-lab.jp/makino2-4/）、２０２２年８月

第2章　限界団地が多世代交流型コミュニティに！――地縁のたまごプロジェクト

・人は頼りあうことで自立する――「地縁のたまご」プロジェクト（１）／〈ちいさな社会〉を愉快に生きる（５）、やる気ラボ（https://www.yaruki-lab.jp/makino2-5/）、２０２２年９月

・じじばばが子どもを支えて主役になる――「地縁のたまご」プロジェクト（２）／〈ちいさな社会〉を愉快に生きる（６）、やる気ラボ（https://www.yaruki-lab.jp/makino2-6/）、２０２２年９月

・楽しく、無理せず、ドット（点）を増やす――「地縁のたまご」プロジェクト（３）／〈ちいさな社会〉を愉快に生きる（７）、やる気ラボ（https://www.yaruki-lab.jp/makino2-7/）、２０２２年10月

第3章　人が集う面白公民館――パーラー公民館の誕生